インド太平洋開拓史

――２つの海の交わり――

早川 理恵子

明成社

推薦の言葉

独立行政法人水産総合研究センター理事長、元水産庁次長　**宮原正典**

早川博士にはここ10数年来お世話になっている。私の国際漁業交渉に際し、いつも貴重なアドヴァイスを頂いてきた。博士の真実に迫ろうとする情熱とエネルギーにはいつも強い感銘を受ける。古今の膨大な文書を読みこなすばかりでなく、リアルタイムで南太平洋を始め国内外のメディアを広範にフォローされていて、その情報量と分析力に脱帽。

本書は、インド太平洋に関わる政府職員や貿易関係者等実務者に向け書かれたとのことだが、学術研究者にとっても必読書となることに疑いはない。

評論家　江崎道朗

太平洋に進出する中国の脅威にどのように立ち向かうのか。

現在進行形の課題に取り組んでいる早川理恵子博士の新著発刊を何よりも喜びたい。

早川博士は太平洋島嶼国のエリア・スタディ（地域研究）の専門家であり、その知見は、アメリカやイギリスの専門家たちからも高く評価されている。

特に「太平洋の楽園」とイメージされている太平洋島嶼国が現在、中国の政治工作によって麻薬とサイバー犯罪の温床になりつつある現実を暴いた早川博士の研究は、世界の専門家たちに大きな衝撃を与えた。

何よりも早川博士の研究の凄さは、日本の「不在」が中国の太平洋島嶼国への進出を助長してしまっている、ということを歴史的に説き起こしていることだ。太平洋の海を開発したのは戦前の日本だったのだが、先の大戦の敗戦によって日本は追い出され、その間隙を衝いて中国が進出してきているのだ。

「日本の不在が中国の脅威を助長している」構図を明確に描いた本書が広く読まれることを願っている。

私が南太平洋大学の遠隔教育衛星ネットワークを第1回島サミットのメイン事業としてＯＤＡ案件にした後、国際政治の観点から体系的に学ぶため2つ目の修士をご指導いただいた渡辺昭夫先生には20年以上にわたり暖かく見守っていただいています。現在はインド太平洋研究会の顧問として引き続きご指導いただける幸福に深く報謝致します。

今は亡き、篠遠喜彦博士、平間洋一博士、友寄英正氏、大橋玲子氏、そしてニナ・ラツレレに感謝を込めて。

序章

セキュリティダイヤモンドと太平洋の島々

二つの議連での講演

平成29（2017）年の4月と5月。私は二つの議連勉強会に講師として呼ばれました。国会議員にとっては、常に開催される勉強会の一つに過ぎないと思いますが、私にとっては「セキュリティダイヤモンド」、すなわちインド太平洋構想に関わることになる、まさに人生を変える勉強会になりました。

一つ目の勉強会は、「国際法に基づくアジアの海洋の安全のための議員連盟」（国際海洋議連）主催で4月19日に開催。二つ目の勉強会は、「日本・太平洋島嶼《とうしょ》国友好議員連盟」主催で5月30日に開催されました。

きっかけは、私が2016年12月号の月刊正論に書いた「南洋の親日国パラオ、ミクロネシアにも中国の触手が」という記事を、国際海洋議連事務局を担当されていた山田宏衆議院議員が読まれたことです。

講演のテーマは、「太平洋分割論は現実に——第二列島線を越える中国」としました。中国が太平洋に進出していることは、今でこそ当たり前の認識になっていますが、2017年時点では国会議員はもとより、世界中の関心はまだそれほどではなかったのです。

講演内容を4点で概説します。

①中国の太平洋分割案——キーティング司令官の警告とミクロネシア海上保安事業

2008年3月11日の米議会上院軍事委員会の公聴会で、アメリカ太平洋軍のキーティング司令官は、中国高官から「将来、太平洋を分割して、ハワイより東の海域をアメリカが、ハワイより西の海域を中国が、それぞれ管理して情報を共有するというのはどうだろうか」と提案されたことを明かし、瞬く間に世界のニュースになりました。ところが、当時のオバマ政権は、このキーティング司令官の警告に対し、何ら具体的な反応を示しませんでした。

私は、戦後初の日本の安全保障政策である通称「樋口レポート」を執筆された渡辺昭夫東京大学名誉教授から太平洋をめぐる安全保障を学ばせていただいており、なかでもミクロネシア地域に関しては、日米同盟を睨《にら》んだ安全保障体制の強化が必要であると認識していました。そして、2008年から米国と自由連合を締結するミクロネシア諸国に海上保安事業を立ち上げ、現場に関与してきたのです。

キーティング司令官の警告を受け、早速具体的にミクロネシア3カ国の大統領・高官との交渉・協議を通して、日・米・豪の海洋安全保障体制の構築に着手しました。

このような大きな安全保障の動きを進めようと決意した理由がもう一つあります。旧知のパラオ共和国高官ビリー・クアルテイ閣下（当時の大統領補佐官）から太平洋司令軍の日本に対する本音を伺ったことです。

2008年8月、ハワイで開催されていた米・パラオ政府の安全保障会議の席上、あのキーティング司令官が「この広い太平洋を守れる力があるのは日本だけである。しかしその日本の手足を縛ったのは我々だ」と述べたというのです。太平洋島嶼国、特にミクロネシア3カ国は旧日本統治領であり、第二次世界大戦で日米が激しく戦った場所です。米国が日本に出てきて欲しいと思っているのであれば、それでは出て行こう、私がその道筋をつけよう、と意を決したのです。

②太平洋島嶼国とEEZの実態

2番目に太平洋島嶼国の海洋、EEZ（排他的経済水域）の実態についてお話しました。太平洋の島嶼国が管轄権を有する広大な海洋を管理も開発もできず、無法地帯になっていることを数字を使って説明しました。

第4章で詳しく書きますが、西太平洋は島嶼国によってほとんどの海域がEEZで埋め尽くされています。その面積は、島の陸地面積数千倍の広さに相当します。

問題は、この海洋を管理できるほどの人材や予算が太平洋島嶼国にないことです。その結果、この地域は、麻薬・人身売買・違法操業・違法移民・マネーロンダリングなど、越境犯罪の巣窟《そうくつ》、無法地帯となっているのです。

キリバスやパラオなどでは、広大な海洋保護区を設定していますが、実態は海洋保護には結びつかない海洋保護区信託基金設置を目的とした金融システムにすぎません。

こうして、みずから開発も管理もできないEEZを持つ太平洋島嶼国では、シーシェパードなどの怪しい組織に海洋監視を委託せざるを得ない状態になっているのです。

③第二列島線を越える中国の太平洋支援

次に、第二列島線を越える中国の活動状況を説明しました。

第二列島線上にヤップ島という島があります。ここで中国資本による大型のカジノ開発の話が進み、地元島民の反対運動で消えてはまた立ち上がり、消えてはまた……と、中国は執拗《しつよう》にこの島への関心を持ち続けています。2017年5月の段階では、広大なEEZを持つ太平洋島嶼国の8カ国・地域が中国と外交関係にあり、台湾と外交関係にあるのは6カ国でした（第5章参照）。

先進国を除くこの地域のEEZは2千万㎢を誇り、海洋進出を目指す中国にとって格好の餌食《えじき》です。第二列島線をはるかに越え、中国は、太平洋島嶼国と「一帯一路」を次々に締結しました。トンガの首相府、バヌアツのコンベンションセンターなど大型の建築物をどんどん支援し、軍事交流も1989年の天安門事件以降、活発に行ってきました。太平洋島嶼国のうち、軍を持っているのは、フィジー、トンガ、パプアニューギニアのみです。これら3カ国の軍部への支援も80年代から積極的に展開しており、台湾と外交関係にあるパラオでさえも経済活動を通して、国の指導者が中国と交流を進めています。

④第8回太平洋・島サミットに向けて

このように、太平洋の広大な海洋が無法地帯のまま放置され、中国の進出を手招きしているような状態を強調した上で、2018年に開催される第8回太平洋・島サミットでは海洋安全保障を主要議案にすべきだと提案しました。

古屋圭司議員と衛藤晟一議員からの宿題

「国際法に基づくアジアの海洋の安全のための議員連盟」（国際海洋議連）と「日本・太平洋島嶼国友好議員連盟」（島嶼議連）の会長は、古屋圭司衆議院議員です。勉強会では、私の右に古屋議員、左には衛藤晟一議員が着席されました。

古屋議員が最初に私を紹介された際、「自分は所用があるので途中で退席します」とおっしゃいました。ところが、古屋議員はいつまで経っても席を立たれません。最後まで聞いていただいたのです。さらには、講演後、質問までされ、私の目をじっと見てこうおっしゃいました。

「早川先生、もう一回やってくれ。こんな状況になっているとは知らなかった。島サミットが来年あるんだ。夏までに議連として提案をする必要がある。島嶼議連がその担当なんだ。今度は外務省も呼んでやろう」

　まさか国会議員の先生から「もう一度やって欲しい」と言われるとは、想像もしていませんでした。まさに狐につままれたような感覚でした。

　それだけではありません。議員たちは何かざわざわとして、一大事が起きたような雰囲気でした。そんな大変なことを言ってしまっただろうか？　不安にさえなりました。

　安倍総理の右腕の一人である衛藤晟一議員からも、こう問いかけられました。

「早川先生、安倍政権の重要課題はセキュリティダイヤモンドなんだ。今日の太平洋島嶼国の話はセキュリティダイヤモンドと関連はないだろうか?」

「セキュリティダイヤモンド」とは、安倍総理が２０１２年に国際ＮＰＯ団体 PROJECT SYNDIKATE に発表した英語論文のことです。たしかに読んではいましたが、当時批判的なコメントが多く、軍事安全保障を主張したイメージを抱いていました。

「セキュリティダイヤモンド、ですか。太平洋島嶼国はアジアに比べ、軍事活動にそれほどアレルギーはありません」とお答えすると、不機嫌な様子が衛藤議員から感じられ、「学者はこれだから」と表情が語っているような気がしました。

　他の議員からも中国の太平洋進出に関する質問を多数いただきました。机上の知識だけでなく30年近く現場を周り、また太平洋島嶼国だけでなく豪州、米との安全保障関係者とも多くの情報交換・議論してきたおかげですべて即答できました。太平洋への中国の進出に関しては第5章で詳細を紹介します。

　印象深かったのが、「日本が出て行くと中国を刺激してしまうのではないか、という議論が外務省はじめ関連省庁と議員の中ですでに行われている」とのコメントでした。

「中国を刺激してしまう」という言葉に愕然《がくぜん》としました。これだけ中国が刺激しているのに、日本は黙っていろというのでしょうか。しかし、残念ながら、2017年時点ではそのような意見が主流だったのです。

「中国の脅威」は、いわゆる軍事的な進出だけでなく、経済、そして麻薬などの犯罪といった太平洋島嶼国の人々の生活に脅威を与える内容まで多岐にわたります。具体的には中国が島嶼国の政治家に数千万円規模の賄賂《わいろ》を渡し、空港などのインフラからカジノなどの越境犯罪まで数千人単位の中国人を送り込み、伝統的な社会構造を維持する島嶼国のコミュニティの価値観を崩壊させて行くのです。

「フレンドリーアイランド」と呼ばれ、日本の皇室とも関係の深いトンガ王国で麻薬や殺人、汚職事件が日常的に行われているとは、日本の国会議員は想像もしていなかったでしょう。

また、本来ならばそのような情報を把握・分析し、提供する立場であるはずの外務省は、中国を刺激することを過度に恐れ、「忖度《そんたく》」して伝えて来なかったのです。伝えようとした外務省職員はいたかもしれませんが、それを握り潰す勢力が省内にいた、と言った方が正確かもしれません。

講演後、安倍総理の「セキュリティダイヤモンド」の論文を幾度も読みました。「セキュリティ」とあるため軍事安全保障の印象を勝手に持っていたのですが、内容は自由市場経済の促進と民主主義についての議論でした。衛藤議員の質問にまずい返事をしてしまった。古屋議員からはもう一度、と言われたけれどもう声はかからないだろうと。

しかし、すぐに議連事務局から2回目の講演依頼の連絡がありました。

第8回島サミットの方向性を変えた島嶼議連

安倍総理の右腕である衛藤晟一議員。そんな重要な議員にとんでもない回答をしてしまったことを猛反省し、2回目の講演ではセキュリティダイヤモンドを中心に講演しました。

「前回、衛藤議員からいただいたセキュリティダイヤモンドの宿題を勉強してきました。今回その件を改めてご説明させていただきます」

前回よりもさらに多くの議員が参加されていました。また、外務省から四方《しかた》敬之参事官（当時）と大洋州課の職員が数名参加し、私の講演の前に10分ほどのブリーフィングを行いました。私は、セキュリティダイヤモンド論文の欠点を補う広大なインド太平洋史の提案を用意していたので自信がありました。

ここで、セキュリティダイヤモンドに関して、簡単に説明しておきましょう。

２０１２年に安倍総理が国際ＮＰＯ団体PROJECT SYNDICATEに発表した英語論文「Asia's Democratic Security Diamond（アジアの民主的セキュリティダイヤモンド）」は、南シナ海を「北京の湖」と表現し、中国の急速な力による膨張を明確に牽制した内容となっています。

まず、インド太平洋では、平和で安定した航海の自由が確保されるべきであると述べ、オーストラリア、インド、日本、米国ハワイによって形成されるダイヤモンド型の枠組みによって、インド洋地域から西太平洋に広がる海洋権益を保護すべきだと提案しています。

さらに、60年以上かけて成熟してきた日米同盟が本物であることを強調し、日本外交は「民主主義」「法の支配」「人権尊重」に根ざしていなければならない、と結ばれています。

この論文は、発表されると世界中で大きな反響がありました。

『太平洋の赤い星』をトシ・ヨシハラ（米国の中国軍事戦略のアナリスト）と共同執筆したジェームズ・ホームズ（元アメリカ海軍将校として第一次湾岸戦争に従軍、アメリカ海軍大学教授）は、安倍総理が南シナ海を「北京の湖」と形容したことを「不吉な前兆」と指摘し、海洋戦略の中で「湖」が何を意味するか議論しています。左翼系の論壇からは、中国を必要以上に刺激する内容、という批判も多くありました。

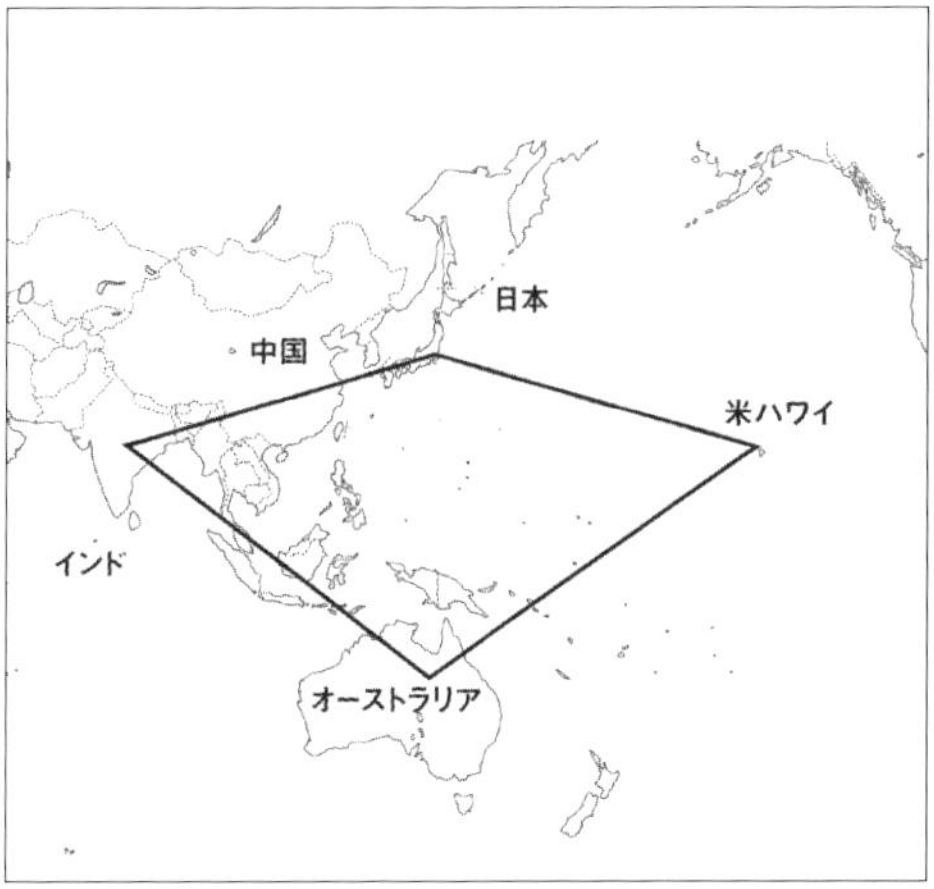

アジアの安全保障ダイヤモンド構想のイメージ

さて、この「アジアの民主的セキュリティダイヤモンド」を何度も読み込む中で2つの点が見えてきました。

一つは、ダイヤモンドの四辺によって囲まれる広い海洋にある22の太平洋島嶼国・地域について具体的なことは一切触れられていないことです。

先に書いた通り、太平洋島嶼国はみずから管理も開発もできない広大なEEZを抱えています。この広大な海洋は、ある意味で無法地帯であり、中国が活発に海洋活動を展開し、あらゆる越境犯罪の巣窟になっています。

もう一つは、「セキュリティダイヤモンド」の中でインド洋・太平洋の「二つの海の交わり」を、1655年にムガル帝国の皇子ダーラー・シコーが著わした本の題名から引用し、説明している箇所があります。しかし調べてみると、この皇子ダーラー・シコーの提案は異なる宗教の和解を解いたもので、論文が主張する「インド洋と太平洋の海を結ぶ自由経済や航海の自由」の話とは関連性は薄いのです。

安倍総理は、数千年前に二つの海に拡散したオーストロネシア語族の存在を知らずにこの構想を書いている、と確信しました。

そこで私は講演会で「太平洋とインド洋をまたぐ航行の自由の守護者」は太平洋島嶼国の人々であることを強調しました。そして、この広大な海洋を守れるのは、キーティング司令官の言葉通り、日本と米国しかなく、そのためにも島サミットへの米国の参加が必須であることを強調しました。

1997年の第1回太平洋・島サミットからその詳細を知っている私にとっては、同サミットが抱える問題の詳細を外務省よりは把握しています。

太平洋島嶼国は決して楽園ではなく、少なくともこの20年は中国の進出が際立ち、中国の経済活動が軍事的動きだけでなく麻薬などの犯罪にも発展してきていることは明らかです。

議連勉強会での外務省からの報告は、島サミットは今まで恙《つつが》なく行われ、島嶼国に感謝されてきた、という内容でした。インド太平洋戦略との関連も海洋安全保障に関しても一切言及がありませんでした。

最終的に、古屋議員が会長を務める島嶼議連は、議連事務局の山際大志郎衆議院議員が中心となって提言をまとめ、麻生太郎財務大臣、岸田文雄外務大臣（当時）に、夏の予算要求前に提出することができたのです。

このようにして、セキュリティダイヤモンド構想と太平洋島嶼国をインド太平洋の海洋安全保障を中心に結びつけ、2018年の第8回太平洋・島サミットの方向性を変える結果となりました。

第1章

インド太平洋を渡ったバナナ

2018年太平洋・島サミットにおける安倍首相演説

2018年太平洋・島サミットの冒頭、安倍総理のスピーチの一部です。

皆さま、太平洋といい、インド洋と呼んで区別するならわしは、あくまで人為的、便宜的なものです。二つはもとより、一体です。

はるかな昔、交易によって「二つの海の交わり」をもたらしたのは、パームの父祖たちでした。「huti」というタンザニアの言葉は、ポリネシア語の「punti」が語源だとする説があります。どちらもバナナのことです。

太平洋からアフリカ東海岸へと、バナナは渡りました。運んだのはパームの父祖たち、人類史に現れた、最も偉大な航海者たちでした。

私たちが生きる「青の太平洋」は、「青のインド洋」と一体です。機会と可能性は二つの海に共存し、解くべき問いと、つのる危機も、両洋をまたいで不可分なのです。

この際、二つを巨視的に見る、拡大海洋アイデンティティを、私たち一人ひとり、身につけようではありませんか。

それは私たちの視野を、地理的に広げます。超長期の時間軸で、広い海洋のシステムを見る視座を与えてくれます。

第8回太平洋・島サミット（PALM8）首脳会合における安倍晋三日本国内閣総理大臣の冒頭発言（平成30年5月19日、福島県いわき市）より

2017年の2つの議連勉強会で私が講演した内容が、翌年の第8回太平洋・島サミットの安倍総理スピーチで具体例として入りました。インド太平洋構想をバナナ交易に例えたのですが、これは私が総理のスピーチライター谷口智彦氏に紹介

安倍首相がバナナ拡散の話を引用し、オーストロネシア語族によるインド太平洋の植民を演説した第８回太平洋・島サミット（写真提供／時事通信社）

した話です。安倍総理のセキュリティダイヤモンド論文にある「自由な航海」、そしてインド太平洋構想の「自由で開かれた」という枕詞は、まさに数千年前にバナナ交易をしていた海洋民族オーストロネシア語族の人々の植民活動から来ています。５千年前から数千年にわたって、インド太平洋に拡散したオーストロネシア語族、すなわち太平洋の考古学を知ることが中国の脅威に対抗する術です。

中国の脅威と太平洋の考古学が、どのように繋がるのか？

「愚者は経験に学び、賢者は歴史に学ぶ」

オットー・フォン・ビスマルクの言葉を持ち出すまでもありません。この言葉を忠実に守ろうとしていた軍人がいます。太平洋への中国進出をいち早く警告してきたハワイにある米国太平洋司令軍のトップ、第24代ハリー・ハリス司令官です。彼のスピーチをしばらくフォローしていましたが、必ず史実の引用があります。歴史を知っていることは、その人物の信頼にもつながります。事実、中国は、世界に覇権を訴える時の重要な戦略技術として歴史を活用してきました。中国が南シナ海における権利を主張する根拠としているのが「歴史的権利」です。歴史は、安全保障、国際政治、国際法の議論には必須なのです。

島嶼議員連盟（古屋圭司会長）として2018年の太平洋・島サミットへ向けた提案が政府に提出されましたが、同サミットを担当する外務省の動きが見えない、との情報が伝わってきました。議連勉強会での私の講演内容に関してアドバイスをもらっていた評論家の江崎道朗氏からは、粘り強く意見を書き続けた方が良いとのアドバイスもいただきました。

ちょうど米国の東西センターから、インド太平洋構想に関する特集号に日本の立場から寄稿してくれないかとの打診があり、島サミットにおける海洋安全保障の重要性と、インド太平洋の自由で開かれた植民を展開したオーストロネシア語族の話を、バナナとサツマイモの交易という非常に具体的な例を引用して説明したのです。さらに、この原稿を英文ウェブメディアのジャパンフォーワードにも掲載し、広く周知することに努めました。

幸い、この記事を安倍総理のブレーン谷口氏が参照してくれました。ただし、上記の安倍総理のスピーチは、より正確には、バナナは原産地のニューギニアかアジア辺りから東の太平洋の島々に、そして西のインド洋を渡ってマダガスカルに運ばれたのです。オーストロネシア語族の出発点は台湾か、東南アジアの沿岸のどこか、と言われています。

もちろんバナナは一例です。安倍総理が一般の

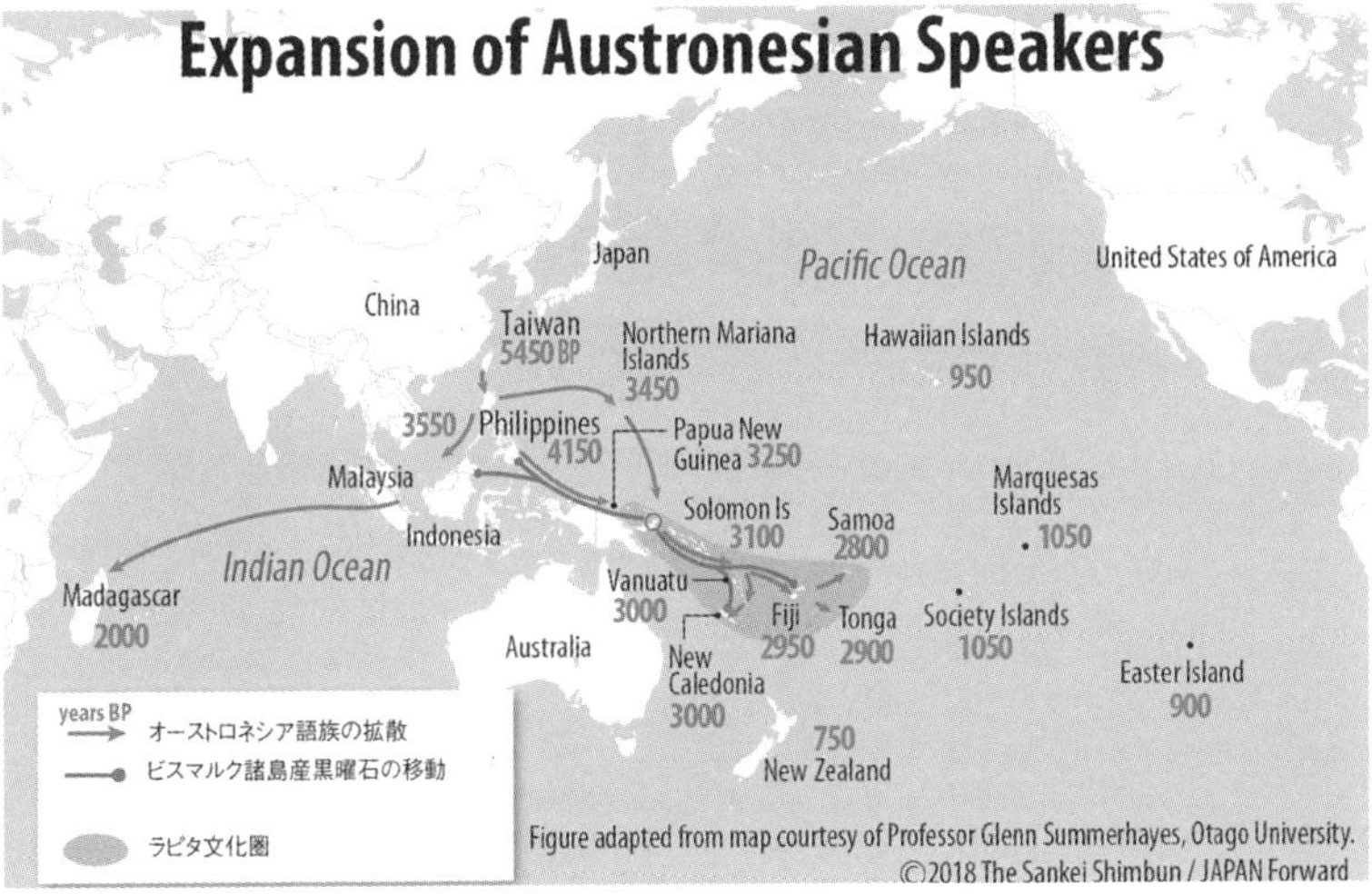

オーストロネシア語族の人々の移動 ©The Sankei Shimbun/JAPAN Forward
（BP = Before Present ／ 2018年から何年前かを示している）

国民に説明しやすいように、私は意図してバナナの例を取り上げました。

その他にも犬、鶏、豚、ヤシの実など必要な物資を船に積み込んで航海、植民が行われたのです。これが単なる偶然の航海でなかったことは、女性も船に乗っていたことが証明してくれます。本来、海の活動に女性はタブーなのです。

ところで、なぜオーストロネシア語族の人々は、移動する必要があったのでしょうか？

約1万年前に氷河時代が終わると、海面は100mほど上昇し、植物の繁殖は早まり、農業が始まります。それにあわせて人口も増え、人間の住むことのできる土地も広がります。

オーストロネシア語族の拡散が始まった5千年ほど前には、さらに温暖化が進み、人々が生活しやすい環境になり人口が増加したのでは、という議論もあります。あるいは政治的な圧力で特定のグループが土地を去る必要があったのかもしれません。はたまた、海の彼方の蓬莱《ほうらい》を目指す冒険心から航海に出た可能性も否定できません。

地図も衛星通信もない時代。人々はどのようにして海の彼方に島があるとわかったのでしょうか?

まず、渡り鳥が情報源の一つでした。毎年ある方向から飛んでくる鳥は、海の彼方に土地があることを人々に知らせます。造船技術も、星図の知識も数千年前からありました。オーストロネシア語族の人々は、星の位置で方角を知り、海のうねり、風の方向や強さを巧みに利用して、数百㎞、数千㎞の海原を行き来していたのです。インド太平洋は、まさに海のハイウェイだったのです。

しかし、彼らの足跡が明らかにされたのは先の大戦後のことです。しかも、日本人考古学者篠遠《しのとお》喜彦《よしひこ》博士の釣り針の研究によってもたらされたのです。

楽園考古学　篠遠博士の釣り針の研究

オーストロネシア語族の航海の壮大さを説明する上で、バナナだけでなく、サツマイモの話も不可欠です。なぜならば、太平洋島嶼国のサツマイモの原産地は南米であり、長い間、南米からこの広大な太平洋に人が移動した、と思われてきたからです。

1947年第二次世界大戦でFree Norwegian forcesの落下傘部隊兵として祖国を守ったノルウェーの英雄トール・ヘイエルダールは、コンティキ号の実験航海を南米から太平洋に向けて行います。これを記録した本は世界的なベストセラーになり、記録映像も話題を呼び、太平洋の島々の南米起源説は根強く知れ渡ることになりました。

このヘイエルダールのコンティキ号の説を覆す考古学研究をした人物が、日本人の篠遠喜彦博士です。篠遠博士の釣り針の研究によって、ポリネシアの人々はアジアから来た人々であり、南米まで船で渡ってサツマイモを持ち帰って来たことがわかってきました。

篠遠博士は、何故太平洋の考古学に関わることになったのでしょう？　博士は太平洋の島々にどのような足跡を残したのでしょう？

残念ながら、ヘイエルダールのコンティキ号を知る人は多いのですが、篠遠博士の業績を知る人は、日本にもそれほどいません。太平洋の島々の歴史の発掘、インド太平洋の海洋を結びつけたオーストロネシア語族の人々の歴史を日本人が明らかにした事実。これからの「自由で開かれたインド太平洋」を語る時に知っておきたいことです。

篠遠喜彦博士

(1924~2017)

１９２４年生まれの篠遠博士は、大学入学と同時に戦争が始まったために進学できず、北京の研究所に職を得ます。戦後は、無事に日本に戻ると、やりたかった考古学を学ぶべく奨学金を得てアメリカに渡ることになりました。ところが、渡米途中のハワイで下船し、ケメス・エモリーというハワイ最初の考古学者に気に入られたことにより、ハワイに留まることになってしまったのです。ハワイのビショップ博物館で働きながら研究し、学位をとり、やがて太平洋における考古学の父の一人となっていきます。

考古学といえば土器を思い起こしますが、ハワイの遺跡に土器はなく、篠遠博士は釣り針の研究を通して、ハワイの考古学研究に貢献します。さらにタヒチに渡り、そこでポリネシア、オーストロネシア語族の海洋技術を証明する発掘や、釣り針の研究で広大な太平洋の島々の人々の移動を証明して行きます。この研究によって、ヘイエルダールの南米起源説を覆すことになったのです。

戦後、戦争のために行われた原爆研究の副産物ともいえる放射性炭素測定法で、考古学の研究は一段と飛躍します。これにより、発掘物の年代がわかるようになったのです。

しかし、篠遠博士は年代測定だけではなく釣り針の形、作り方なども時間をかけて詳細に研究し、広大な太平洋の先史を紐解いて行ったのです。

篠遠博士は、遺伝学者で国際基督教大学初代学長でもある篠遠喜人を父に持ち、その教育方針によって「自由学園」で教育を受けます。型にとらわれない生き方、学問だったのでしょう。発掘調査のために何カ月も太平洋の島に滞在し、学術研究だけでなく遺跡の復興も手がけ、地域の教育や観光資源開発にも寄与しています。

太平洋の島々は長らく文字を持ちませんでした。歴史が書き遺されるようになるのは、西洋の航海者の来航まで待たなければなりません。そして、西洋の植民地になり、さらには独立した後も自分たちの歴史を学ぶ機会はありませんでした。

しかし、考古学の発掘調査によって、数千年前の太平洋の歴史が明らかにされ、島々の独立や自立の精神的支えとなっていったのです。

篠遠博士のマルケサス諸島の調査の中で、興味深いことが書かれています。カツオやマグロを釣るための釣り針が、ある時期からなくなります。カツオやマグロをとるために遠洋まで行けば、ムラを不在にしている間に襲われる可能性があるため、海岸での漁業しかしなくなった、というのが篠遠博士の分析です。それほどまでに、小さな島の中で様々なグループに分かれ、敵対しあっていたということです。こうして、漁業の技術も、遠洋航海の技術も失われていった可能性があります。

今日、太平洋島嶼国の人々は、遠洋漁業の方法を知りません。広大な水産資源を有するＥＥＺを得て独立したはずですが、水産資源の開発、管理の仕方を知らないのです。

島の文化、歴史、地理に島の人以上に精通し、地図を読んだり描くこともでき、さらに現地の言葉を理解し、政治や社会構造も熟知する考古学者。

映画「アラビアのロレンス」のモデルになった英国軍人トーマス・エドワード・ロレンスは考古学者でした。見方によっては最高のインテリジェンス人材ですが、残念ながら、日本政府が篠遠博士の知見を日本の安全保障や外交政策に利用しようとした形跡はありません。

私は生前の篠遠博士にお会いする機会を得て、タヒチや八重山諸島にご一緒し、太平洋や島に関する多くの知識と情報だけでなく、「人間とは何か？」「太平洋とは？」という哲学も博士から学ばせていただきました。篠遠博士は２０１７年10月に亡くなられたため、翌年の安倍総理のスピーチにバナナとオーストロネシア語族の話が入ったことをご報告できませんでしたが、天国で喜んでいただいているものと思います。

考古学の知見を外交に活かす台湾

ところで、このような考古学の知見を巧みに外交政策に利用しようとしている国があります。台湾です。

２０１８年5月、安倍総理がバナナ交易の話を引用して、「自由で開かれたインド太平洋と太平洋島嶼国」の関係をスピーチで話した3カ月後の8月、台湾の蔡英文総統は「２０１８オーストロネシアンフォーラム」を台北で開催しました。マーシャル諸島大統領、米領グアムの知事も招き、「インド太平洋の平和と安定と繁栄」をスローガンに掲げました。

現在、台湾には16のオーストロネシア語族の部族、原住民（台湾では原住民と表現）がいます。原住民人口は53万人で、台湾人口全体の約2％を占めるに過ぎませんが、台湾国内での政治的影響力は見逃すことができません。蔡総統自身、オーストロネシア語族のパイワン族の血を引いています。多くの言語学者は研究の成果から、ここ台湾がオーストロネシア語族の起点であると主張しています。

2018年8月台北で開催されたオーストロネシアンフォーラムには、マーシャル諸島のヒルダ・ハイネ大統領（左から3番目）、グアムのエディ・カルボ知事（右から2番目）が出席（写真提供／台湾総統府）

台湾政府によるオーストロネシア語族をキーワードにした太平洋島嶼国外交は、実は安倍総理のバナナの演説よりもっと前から行われてきました。

２０１７年、蔡総統はマーシャル諸島、ツバル、ソロモン諸島を訪問しています。その時のソロモン諸島でのスピーチの大半は、オーストロネシア語族が結ぶ台湾との関係の話でした。

蔡総統は、台湾のアミ族が伝統文化を再興すべく船の再建を計画したが、その作り方がどこにも残されておらず、ソロモン諸島のタウマコ島にその技術が残っていること。タウマコ島の船造りのマスターが台湾に招待されたことなどを述べています。

しかし、蔡総統の歴史外交の努力も虚しく、2019年9月、ソロモン諸島は1983年に樹立された台湾との40年近い外交関係に終止符を打ちました。

台湾の台東に「国立台湾史前文化博物館」があります。台東には、オーストロネシア語族の原住民が多く住んでいます。5千年以上、原住民は台湾に広く居住していましたが、約400年前、中国大陸から移住した漢人によって南東の山間部に追いやられてしまいました。

正装したツォウ族の青年

オーストロネシア語族の特徴として、その言語の共通性以外に、海洋民族であること、母系社会であること、刺青《いれずみ》文化や首狩の習慣があることなどが挙げられます。台湾中部の新高山《にいたかやま》、パトウンクオヌのツォウ族の写真集を出した瀬川孝吉氏によると、初めて日本人がツォウ族と接した際、自分たちと顔立ちがあまりにそっくりだったので、洪水神話の中で北に別れたとされる兄弟の兄が戻ってきたと歓迎されたといいます。ツォウ族は、清時代の領地侵略に対して首狩ゲリラで抵抗し、「生蕃《せいばん》」と呼ばれていたが、日本人を受け入れゲリラ活動を中止した、とあります。

ちなみに、「生蕃」という呼び名は、1923年、当時摂政だった昭和天皇の台湾訪問の際に「高砂《たかさご》族」と変更されました。

台湾政府が原住民支援に乗り出したのは、1980年代になってからです。台湾の民主化運動が盛んになる中で少数民族が立ち上がり、米国や国連に働きかけたそうです。1996年に「原住民委員会」が設置され、2000年の憲法改正で、「国は多文化を肯定し、積極的に原住民族の言語・文化を維持・発展させる」として、原住民支援が強化されることとなりました。そして台湾原住民こそオーストロネシア語族のルーツであるとの説が広まり、原住民政策が台湾外交政策につながっていったのです。

これは、中国からの独立を目指す民進党政権にとって格好の学説でもあります。民族的に台湾は中国大陸とは異なり、太平洋島嶼国やアジアとつながっているということを示すものだからです。台湾こそが太平洋島嶼の仲間である、という外交政策につながるのです。

ちなみに、オーストロネシア語族の遺跡が中国大陸南部で発見され、台湾原住民が中国大陸から渡ってきた可能性、少なくとも台湾との交流があったことを考古学者も議論しています。福建省は早速オーストロネシア語族研究の拠点建設に着手しました。

このように、数千年前の人類の移動、植民の歴史が、現代の政治に影響を及ぼしているのです。現代の国境や民族の枠組みとは関係のない数千年前の人類の歴史認識が、現在の国際政治、国際法に影響してきます。

この台湾の民族学・考古学は、日本統治時代の遺産でもあります。

東京帝国大学の鳥居《とりい》龍蔵《りゅうぞう》が、台湾で最初の考古学調査を開始したのが1896年です。1928年に台北帝国大学が設立されると、アメリカで学んだ民族学・人類学者の移川《うつしかわ》子之蔵《ねのぞう》が土俗人類学を設置します。その移川の弟子として考古学・民族学の宮本延人《のぶひと》が呼ばれ、台湾原住民に関する学問的基礎を築きました。台北帝国大学医学部には、人類学者の金関丈夫《かなせきたけお》が赴任。民族学・考古学者の国分直一《こくぶなおいち》は台湾の民族運動に関わり、

1941年に『民俗台湾』を創刊しています。

日本の台湾統治（1895～1945）の50年間に、日本の研究者が台湾の先史・民族学、特に原住民のオーストロネシア語族研究の基礎も築いてきたのです。これらの研究が現在のインド太平洋構想にもつながっていることを知れば、当時の文献に興味を持てるかも知れません。

日本の民族学・考古学の基礎を築いた人々

台湾の民族学・考古学を支援した日本人研究者は、ドイツを始めヨーロッパ研究者からの指導を受けました。

大森貝塚を発見した米国のエドワード・S・モース（1838～1925）は、東京帝国大学動物学科の初代教授に就任しました。1923年9月1日の関東大震災で東京帝国大学図書館が所蔵していた数十万の蔵書が失われたことを知ったモースは、1万2千冊の蔵書を東大に寄贈してくれています。「縄文土器」の名前は、モースのcord marked potteryを訳したものです。

日本の考古学の父と呼ばれている英国人ウィリアム・ゴーランド（1842～1922）は、冶金技師として大阪造幣寮に招聘《しょうへい》されました。ゴーランドは、日本で初めて古墳を発掘し、全国406基の古墳を調査・記録し、論文も発表しました。その業績が認められ、1900年に倒壊したストーンヘンジ修復作業を依頼されています。登山家でもあったゴーランドは、日本アルプスの命名者でもあります。

モースは日本政府と2年間の契約を交わし、ゴーランドは16年もの間、日本に滞在しました。

さらに長い27年にわたって日本に滞在したのがドイツの医師、エルヴィン・フォン・ベルツ（1849～1913）です。ベルツは、「日本人の起源とその人種学的要素」の中で、日本人の起

日本医学の指導のみならず草津温泉など温泉療養の開拓にも貢献したベルツ

ベルツは病弱の大正天皇（写真右端）の健康管理に重要な役割を担っていただけでなく、皇室の政治力を弱めるため、誕生した赤ん坊を親元から離して育てるという江戸時代からの悪習を変えさせた。
（写真／朝日新聞社『週刊20世紀 皇室の100年』より）

源がマレイ、すなわちオーストロネシア語族であると主張しています。ベルツは、日本人はアイヌ系、蒙古系、マレイ系に似た蒙古系の3つの民族から構成されると仮説を立てました。3番目のマレイ・蒙古系は九州に上陸して本州に渡り、次第に全国を制覇。日本人の人口の多くを占めると述べています。他にも床に座る生活様式や古事記の記録などから日本人起源マレイ系説が主張されています。ベルツは東京帝国大学で教鞭をとりつつ、請われて皇室の侍医として働いていました。よって皇室への理解も深く、その歴史もよく知る立場にありました。

第2章

西洋の植民

——誰が最初に太平洋を分割したか？

地球を分割したスペインとポルトガル

西洋の民族学・考古学の始まりはどこに起源が求められるでしょう?

海洋民族オーストロネシア語族に遅れること数千年。15世紀から始まった大航海時代にインド洋、太平洋の2つの海を結びつけたのは、西洋諸国でした。中国が主張する太平洋分割案よりも500年早く世界の分割を実行したのは時の覇権国、スペインとポルトガルでした。

欧州から見た大西洋の向こう側、アメリカ大陸の権益をめぐり両国の争いが激しくなる中、南米大陸東部を縦に走る「教皇子午線」から少し東に寄った子午線を境に、東をポルトガル、西をスペインの領域とすることを合意したトルデシリャス条約が1494年に調印されます。この条約は後日、ローマ教皇ユリウス2世の承認も取り付け、その正統性を固めます。なお「トルデシリャス」は条約が署名されたスペインの都市名です。

このトルデシリャス子午線から東へ、また西へどんどん進めばポルトガルとスペインは地球の反対で落ち合うことになるのですが、この時はまだ地球が丸いことがわかっていませんでした。

その後、1522年のマゼランの世界就航で地球が丸いことが確認されると、地球を分割するにはもう一本線が必要ではないかと議論されるようになりました。1529年にサラゴサ条約を締結し、現在のオーストラリア、パプアニューギニア、日本の上を縦断し、太平洋を南北に走る子午線がスペインとポルトガルの間に合意されました。

太平洋を縦断するサラゴサ線の東がスペインで西がポルトガルのはずですが、実際はポルトガルの領域であるはずのフィリピン、そして太平洋はスペインが領有権を維持していました。当時の製図能力も限られたもので、現代から見るとあやふ

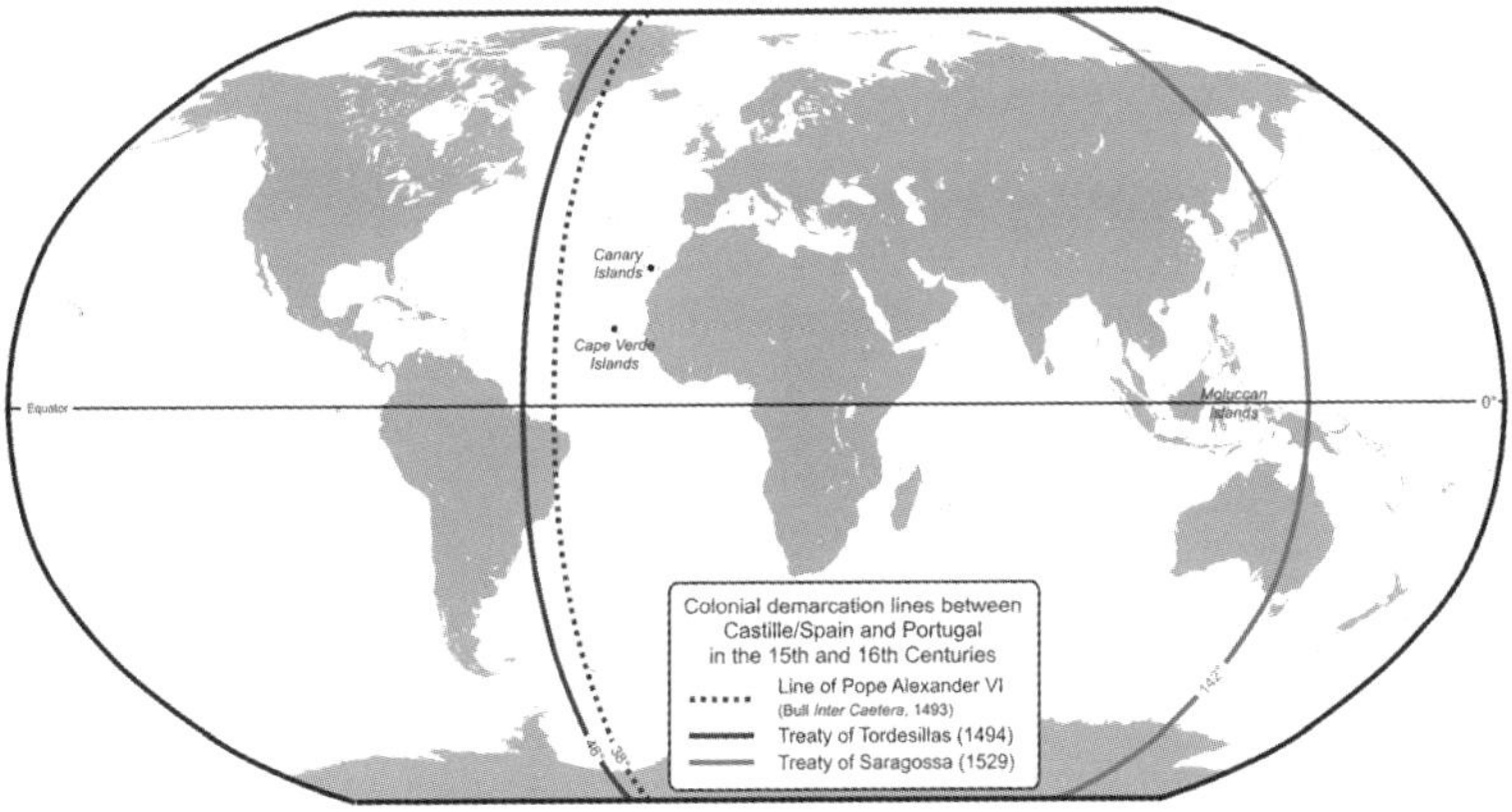

トルデシリャス条約とサラゴサ条約で引かれた世界分割子午線

やな部分も多かったようです。

　このサラゴサ線の若干西に位置する、現在のインドネシア領、モルッカ諸島は世界有数のスパイス諸島として有名で、特定の島から収穫されるナツメグ、クローブは黄金にも勝る商品でした。サラゴサ条約が締結される前から、スパイスをめぐって、ポルトガルとスペインはこの地域の領有権を争っていたのです。

　１６４８年にオランダが正式に独立しますが、１６０２年にはオランダ東インド会社を設立し、ポルトガル、スペインによって２本の子午線で分割された縄張りに挑戦していきます。

　１６０９年に国際法の父と呼ばれるオランダのグロティウスが主張した『海洋自由論』もその動きの一つと言って良いでしょう。

　１６２０年頃からは日本との貿易を開始し、日本の鎖国政策の中で唯一、オランダのみが長崎出島での貿易を許されます。オランダを通じて、貿易だけではなく世界の知識・情報が「蘭学」という形で日本に伝わり、学問として形成されていきます。

現在パプアニューギニアとインドネシア領のパプア州の国境を南北に走る線は、ポルトガルとスペイン時代の東経１４１度サラゴサ線の名残です。この境界を引き継いだのが、１６６０年パプアニューギニアの領有を宣言したオランダ東インド会社です。その後、イギリス東インド会社もパプアニューギニアに進出するようになり、これに脅威を感じたオランダは１８２４年、１４１度の境界線を確定。後の英蘭合意につながります。その際、オランダが主張した１４１度の根拠が、ポルトガルとスペインによって合意された地球を二分する分割線でした。

ところで、スペイン、ポルトガル、オランダはこれらの地域をどのように植民したのでしょう？力で奪い取ったのでしょうか？

いずれの国も、現地の指導者を巧みに利用した貿易を行いました。領土の獲得というよりも貿易独占権の確保が目的でした。一方、現地の指導者サルタンは、これら西洋諸国の軍事力を背景に、貿易交渉を通じ、力を得て政権を維持拡大していきました。

スペインと長年独占契約を締結していたモルッカ諸島ティドレ島のサルタンは、スペインとオランダの競争を利用して有利な条件をオランダから引き出し、地域での影響力を強め、モルッカ諸島およびパプアにわたる地域の支配権を確立します。１６６０年、オランダ東インド会社はサルタンたちと条約を結び、香辛料などの商品だけでなく、貿易のための周辺領海域の独占権も獲得するのです。

しかし、オランダの独占的資源（主に香辛料）を背景とした経営政策は、結果的にこの地域の生産能力を弱体化しました。サルタンの力も弱まり、

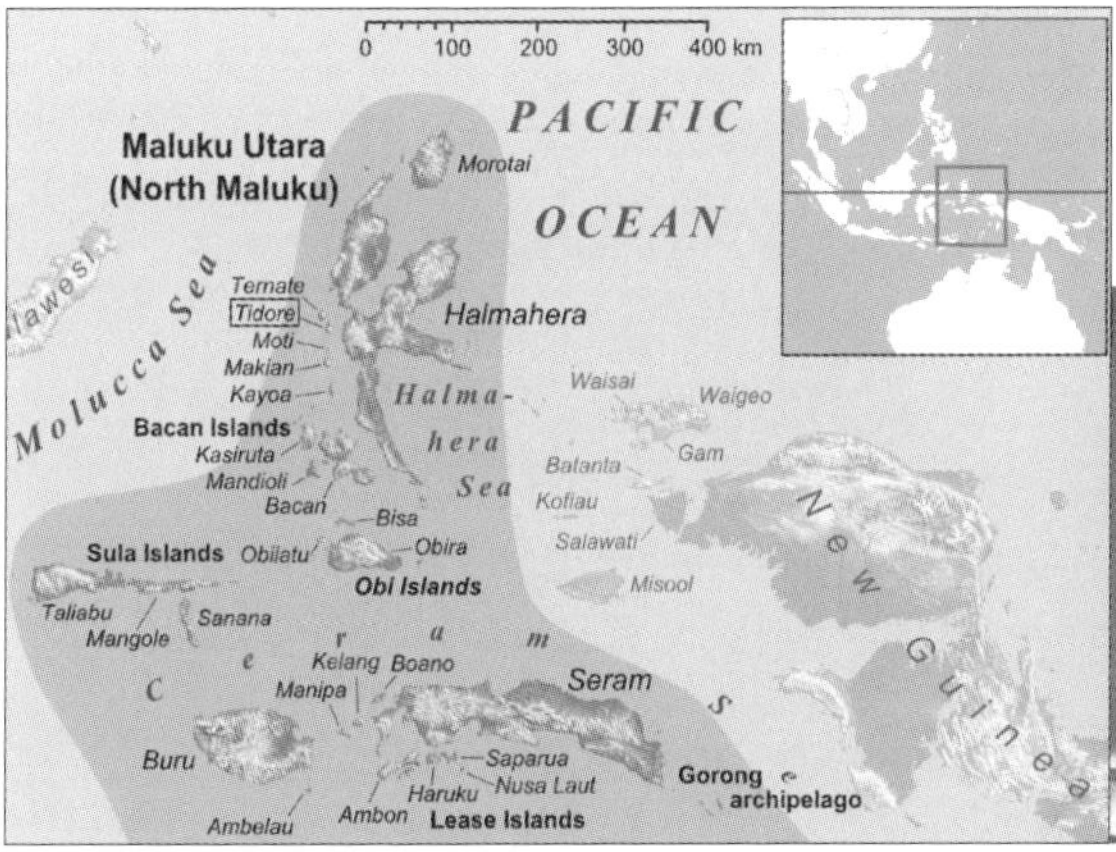

モルッカ諸島北部に位置する小さなティドレ島（Tidore）は浜松市とほぼ同じ面積。写真右は、1657～87年に君臨し、香辛料クローブを巡ってスペイン・オランダを利用してパプアまで勢力圏を拡大したティドレ島のサルタン・サイフディン。

内部闘争が始まると、同時期にこの地域に関心を示したイギリス東インド会社は、１８１０年に侵略を開始。１８１４年には、英蘭条約でこの地域をオランダ領と合意することに合意。それ以前にイギリスは何千本もの香辛料（ナツメグ、クローブ等）の樹木を別の植民地のグレナダ、ザンジバルに移植していたのです。

途上国の資源開発独占権をめぐる先進国間の競争。それを巧みに利用する途上国の指導者たち。

西洋諸国は、国家としてではなくオランダ東インド会社、イギリス東インド会社などを通じて、資源のある島々と直接交渉をさせ、経済取引を成立。次第にその国への影響力を強化し、領有権も確保して行ったのです。中国が現在この地域で行っている「一帯一路」の動きは、数百年前の西洋諸国の植民活動に重なって映ります。

15世紀に始まったスペインとポルトガルの世界二分割の焦点であった香辛料権益争いの末、モルッカ諸島はオランダ領となり、第二次世界大戦を経て、インドネシアの独立と共に同国に組み込まれて行きます。

クック船長の金星観測

太平洋には未だ多くの英連邦、また英国女王を君主に持つ国・地域があります。

パプアニューギニア、フィジー、バヌアツ、ソロモン諸島、サモア、トンガ、ツバル、ナウル、キリバス、クック諸島、ニウエ、トケラウ（ＮＺ領）、ピトケアン島（英領）が英連邦です。ハワイ州は米領で英連邦には入っていませんが、その州旗にユニオンジャックが掲げられていることは留意したいと思います。

この中で、ツバル、ソロモン諸島、パプアニューギニアの独立国、ニュージーランドと自由連合を締結するクック諸島、ニウエ、ニュージーランド領のトケラウ、英領ピトケアン島の現在の君主はイギリスのエリザベス女王なのです。

なぜこれらの国々は、イギリスとの連携を重視するのでしょうか？

ここにないパラオ、ミクロネシア連邦、マーシャル諸島は米国と自由連合協定を締結し、経済・安全保障で強い関係にあります。広大な太平洋に忽《こつ》然《ぜん》と浮かぶ小さな島の独立は容易なことではありません。経済規模が極端に小さく、太平洋の海洋に浮かぶこれらの国々は、様々な支援を受けるため旧宗主国との関係を維持しているのです。

イギリスは、どのように太平洋島嶼国との関係を築いていったのでしょうか？

ここでは、１９８０年に独立したバヌアツ共和国の例を紹介したいと思います。

スペイン、ポルトガルがヨーロッパの大航海時代の幕を開き、世界を２つの子午線で分割した後、１５８０年に両国は併合します。スペイン王がポ

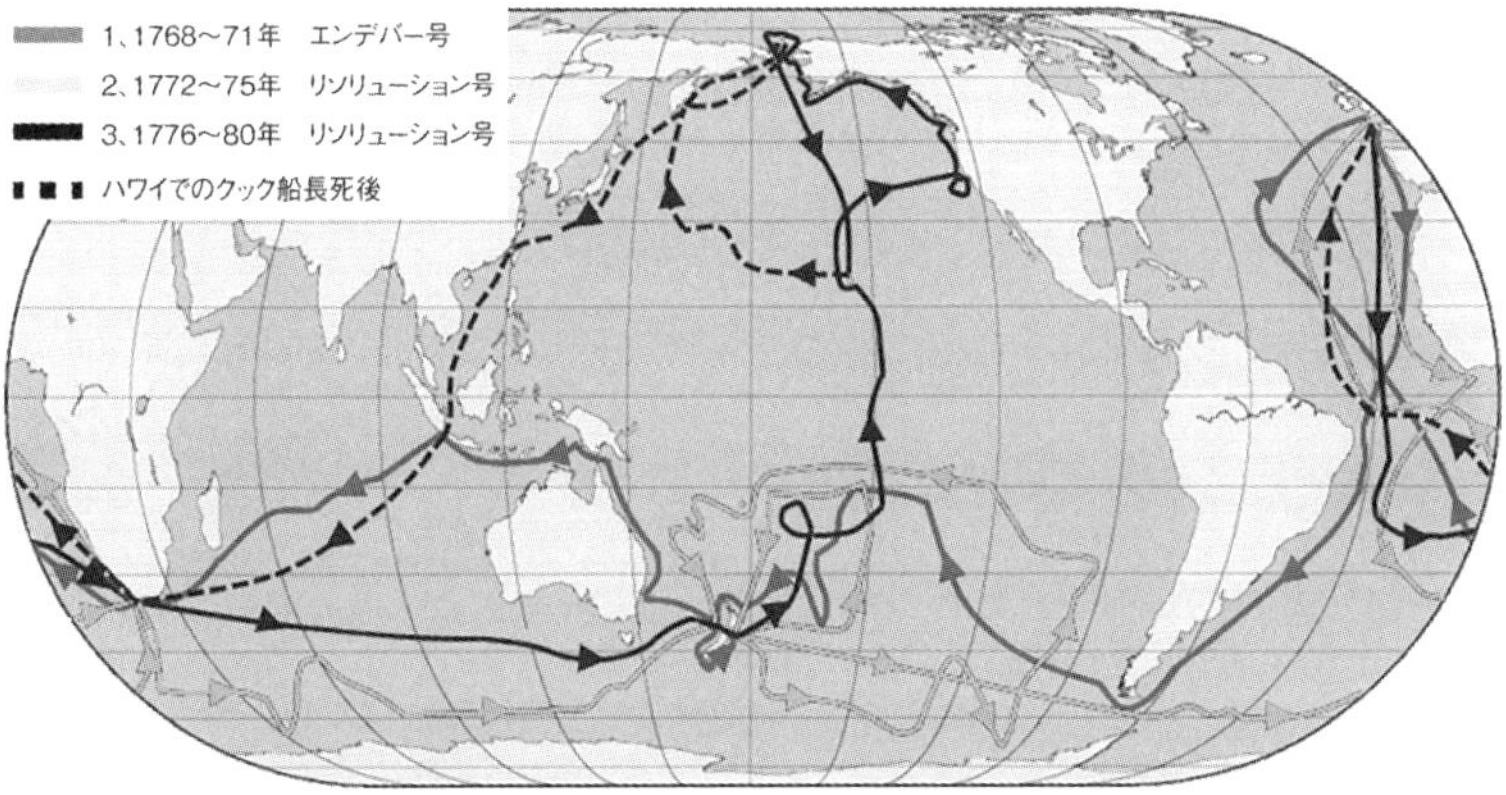

クック船長の航海図　1768 年から 1780 年に実施されたクック船長の３回にわたる航海は大英帝国の膨張を推進。1780 年ハワイの島民に殺され、帰らぬ人となる。

ルトガル王を兼ねる同君連合制です。１６０６年にスペインのペドロ・フェルナンデス・デ・キロスとルイス・バエス・デ・トレスがバヌアツ北部を訪ねています。その時、現在のサント島を見つけ、「エスピリット・サント」と名付けました。

　しかし、現地人から敵対的対応を取られ、早々に島を離れました。キロスは南米に戻り、トレスは西に向かいオーストラリアとパプアニューギニアを挟む海峡を渡りました。ここが現在のトレス海峡です。しかし、トレスはこの海峡の南に探していた「Terra Australis Incognita（未知の南の大陸）」であったとは気がつかず、バヌアツのエスピリット・サントがそれであると思っていたのです。

　クック船長がバヌアツを訪れる6年前には、フランスのルイ・アントワーヌ・ド・ブーガンヴィルが、世界一周の航海の途中でこの地にやってきました。ブーガンヴィルは、バンジージャンプで有名なペンタコスト島の名付け親です。しかし、彼らの訪問も現地人に歓迎されず、そそくさとその地を離れました。

前節で詳述したように、ポルトガル、スペイン、そして初期のイギリス、オランダの大航海の目的は、香辛料や黄金などの貿易、資源の獲得にありました。

一方、1768年にイギリスのジェームズ・クック船長がエンデバー号で航海に出た目的は、資源探求だけではなく、科学的探求でもありました。

イギリスの王立協会からの依頼で、ある決まった時期に太平洋のタヒチで金星の日面通過を観察することが、クック船長のミッションの一つだったのです。太陽の前を金星が通る時期は決まっていますが、その時に金星と太陽それぞれの大きさを比べることによって、太陽系の距離を測定することができます。クック船長の太平洋の航海は、天文学に大きな功績を残すことになりました。さらにスペインのトレス、フランスのブーガンヴィルが確認することができなかったオーストラリアに上陸し、1770年イギリスの領有を宣言します。

1980年、バヌアツ＝我等の土地という国名と共に独立を果たす以前、この島々はニュー・ヘブリデス諸島と呼ばれていました。

クック船長が2回目の航海の際に母国スコットランドの北西にある島、ヘブリデス諸島にちなんで命名しました。バヌアツは南北にY字型に島々が連なります。1774年にクックが名前を付ける前は、これらの島々が統一された形跡はありません。数千年にわたり、100以上の部族が争い合っていたのです。クック船長が、この国の地理的枠組みをつくったともいえます。

リソルーション号による2回目の航海で、クックはバヌアツの島々に合計45日間滞在し、各島の情報を収集すると共に地図を作製しました。

この地図の作製は重要な意味を持っています。ニュー・ヘブリデスの命名と共に英国が領土獲得、植民地とする根拠になったのです。1974年にクック船長が「発見」したニュー・ヘブリデス諸島200周年を記念した切手が発行されています。リソルーション号が各島をなぞるように訪ねたことがわかります。イギリスの植民によって数千年にわたり争いあってきた部族が一つの国家を形成することになったのです。

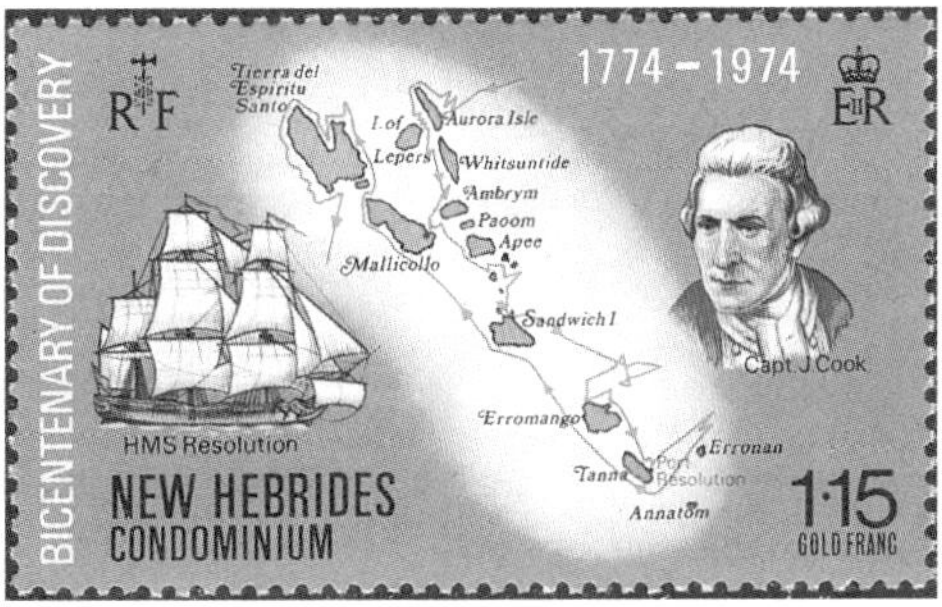

1974年、クック船長の太平洋航海200周年記念切手。45日間かけて島々を調査・記録・命名し、現在のバヌアツ国家の枠組みをつくったのはクック船長である。英仏共同統治時代のニューヘブリデス政府（現バヌアツ共和国）から発行。

クックとブーガンヴィル、二人の軍人の大航海を支援したのが時の国王、ジョージ3世とルイ15世です。太平洋への航海が行われたのは、英仏が植民地を争った七年戦争（1756〜1763）のすぐ後でした。ヨーロッパの国家間で行われてきた資源獲得と啓蒙思想(Enlightenment)、科学の発展が、二人の航海を動機付けたと言ってもいいでしょう。

1788年、イギリスのジョージ3世がオーストラリアのニューサウスウェルズを植民地とした200周年を記念した切手も発行されています。インド太平洋の足跡を残した英仏の偉大なる植民地の歴史として現在も切手に表されています。

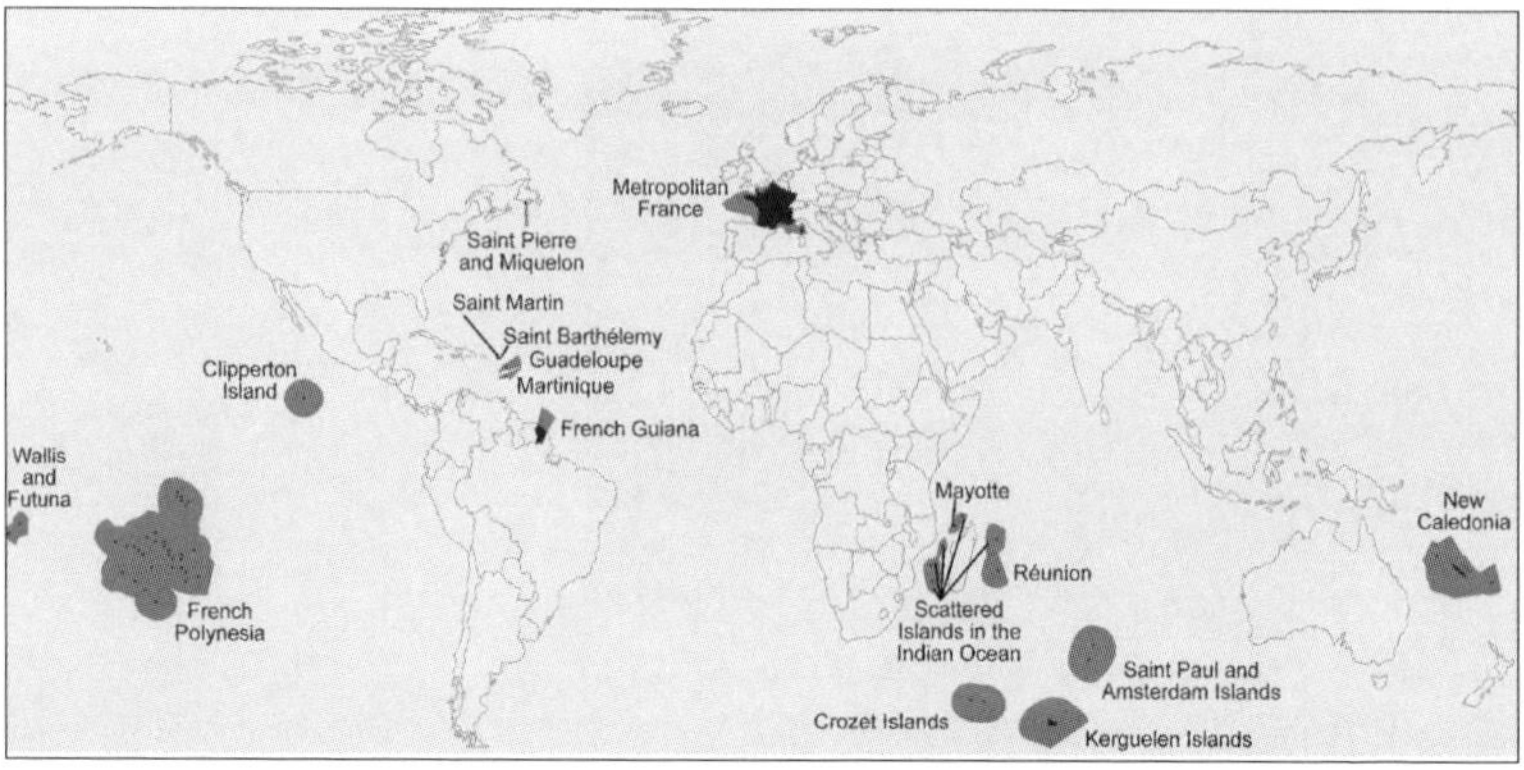

世界最大のEEZを保有するフランス。その97%がインド太平洋にある海外領で形成されている。

ルイ16世が企画したラ・ペルーズの航海

フランスは、世界最大のEEZ（排他的経済水域）を持つ国です。しかし、そのEEZを形成するのは、インド洋と太平洋に浮かぶ島々が主で、フランスEEZ全体の97%を占めます。太平洋には、仏領ポリネシア、ニューカレドニア、ワリス・フツナがあります。これらの島々が全体のEEZの70%弱、約700万㎢のEEZを形成しています。

インド洋の仏領には、有人島のマヨット、レユニオン、無人島（ただし研究者、政府関係者、軍人の滞在を除く）にはマダガスカル周辺に位置するグロリオソ諸島、トロメリン島、ファン・デ・ノヴァ島、ユローパ島、バサス・ダ・インディア諸島、南インド洋に位置するケルゲレン諸島、サンポール島及びアムステルダム島、クローゼー諸島があり、EEZ全体の約25%、約250万㎢のE

ＥＺを形成しています。日本のＥＥＺはフランスの約半分です。すなわちインド洋にあるフランスのＥＥＺは、日本のＥＥＺの半分に等しいのです。

第5章で詳細を書きますが、仏領ポリネシアは広大なＥＥＺを形成するだけでなく、中国から南極、南米への中間地点に位置します。フランスが広大なＥＥＺを世界中に保有する背景には、ブーガンヴィル、ラ・ペルーズなどの勇敢な航海者の功績があります。

初期のフランスの航海で有名なのは、ルイ・アントワーヌ・ド・ブーガンヴィルが１７６６～６９年に行った世界一周の航海です。ブーガンヴィルの名前は、ソロモン諸島（現在はパプアニューギニアの自治区）の島に名付けられただけでなく、南米の花にも「ブーガンヴィリア」として付けられています。

ブーガンヴィルは探検家、軍人として活躍する以前は、数学者として頭角を表します。20代の彼は『積分計算論　ロピタル侯の無限小解析の続編として』を執筆し、１７５６年にはロンドンの王立協会のフェローに選ばれる栄誉を得ます。

この後、軍人としてのキャリアが始まるのです。地理学に関心があったルイ15世の支持を受けて世界周航の航海に旅立ちます。航海には博物学者、天文学者等が参加します。ブーガンヴィル自身も数学者です。まさにクック船長に先駆けた科学的探求の航海となりました。

ルイ15世の期待虚しく、4年弱にわたるブーガンヴィルの航海では、これといった新たな領土の発見と獲得はありませんでしたが、１７７１年に刊行された『世界周航記』がヨーロッパでベストセラーになり、翌年には啓蒙思想家のディドロが架空の登場人物による対話体小説『ブーガンヴィル世界周航記　補遺』を出版し、タヒチの長老との会話を通して、西洋文明を批判します。

ブーガンヴィルは、10日間滞在したタヒチの様子を「エデンの園」と表現しました。平等な社会、ギリシャ的肉体美を持つ幸せそうな人々、自然の美しさ。自由を享受するタヒチの人々を「善良なる未開人」と表現します。この「善良なる未開人」は、まさにルソーが『人間不平等起源論』や『エミール』の中で述べた「自然人」「不平等の殆《ほとん》ど存在せぬ自然状態」が実際に存在することをヨーロッパの人々が確信することにつながりました。タヒチからの航海に自分の意思で参加し、ヨーロッパまで来たアオトゥールというタヒチ人を実際に見たことも「自然人」の存在を信じる要因でした。

タヒチに上陸したブーガンヴィルたちは、島の人々から暖かくもてなされ、楽園の島と思い込むが、ヨーロッパまで同行したタヒチ人のアオトゥール（下）から現実の島社会は不平等で人食いまで行われることを知る。

たった10日間のタヒチ滞在で島民から歓待を受けて、「善良なる未開人」との印象を持ったブーガンヴィルは、このアオトゥールから本来の島社会は平等などなく、身分制度は厳しく生贄《いけにえ》の慣習まであることを学びます。

皮肉なのはフランス革命を導いた啓蒙思想が、ルイ15世が派遣したブーガンヴィル世界周航で南太平洋の島にありもしない「善良なる未開人」「不平等の殆ど存在せぬ自然状態」という思い込みによって勢い付けられたことです。結果的に自分の息子ルイ16世をギロチンに送り込むことにもなったのです。英語になっている「タブー」は、タヒチ、ポリネシア語が語源です。島社会には多くのタブー（ご法度）があったのです。

ルイ15世に続き、16世も太平洋への航海を企画します。

「ラ・ペルーズは見つかったか?」

これは、斬首刑台に向かうルイ16世の最後の言葉と言い伝えられています。イギリスのジェームズ・クックによって成功した科学的太平洋探検ニュースは、フランスにとって衝撃でした。科学に関心が高かったルイ16世は財政難の中、１７８５年に海軍士官ラ・ペルーズに太平洋探検を命じます。ラ・ペルーズはイースター島、ハワイ、アラスカ、カリフォルニア沿岸等を周り、１７８８年オーストラリアのボタニー港に到着します。

しかし、食料と水を手に入れ、太平洋島嶼を目指したラ・ペルーズが再びフランスに戻ることはありませんでした。

この国家的英雄、ラ・ペルーズを探す航海が何度か行われました。その一つがデュモン・デュルヴィルによるものです。パリのルーヴル美術館にあるミロのヴィーナスは、デュルヴィルが持ち帰ったものです。デュルヴィルがラ・ペルーズの消息を知ることはなかったのですが、彼の3回に及ぶ世界就航で作成された１００以上の地図と海図は、第二次世界大戦まで使用されることとなりました。ミクロネシア、メラネシア、ポリネシアの区分は、デュルヴィルがつけたものです。彼の地図と共に広まったミクロネシア、メラネシア、ポリネシアの区分は、ポリネシア以外は科学的根拠はなく、今では便宜上使用されているにすぎませんが、逆に島嶼国の人々が政治的な準地域の枠組みに積極的に活用する傾向があります。

「ラ・ペルーズは見つかったか?」

約40年後の１８２６年、アイルランド人ピーター・ディロン艦長が、ソロモン諸島南西部に位置するサンタクルーズ諸島でラ・ペルーズ探検隊の剣を入手。ボタニー港出港後間もなく、ヴァニコロ島で座礁《ざしょう》したことがわかりました。

　このように、西洋の民族学・考古学は５００年の大航海の歴史と共に発展して来たのです。

（右）ギリシャ神話の海神オケアノス
（左）ポリネシア神話の海神タンガロア

資源・科学の探求、そして製図と地名命名行為による覇権の拡大。中国は西洋植民の歴史をすべてなぞっているだけ、と思うことがしばしばあります。

　太平洋の「パシフィック」はポルトガル人のマゼランが命名。Pacífico 平和な海という意味です。「オセアニア」はフランス人の地理学者、コンラッド・マルテ・ブランが１８１２年頃命名。ギリシャ神話の海神の名前で、ラテン語の oceanus、ギリシャ語の ὠκεανός（ōkeanós）が元になっています。

第３章

日本が開拓した太平洋の海

サムライの南進

平成26年、日本とパラオは外交樹立20周年を迎え、安倍総理とレメンゲサウ大統領は日本で記者会見を行いました。そこで気になったのは、安倍総理は20年の外交関係と終戦70周年について述べたのに対し、レメンゲサウ大統領は第二次世界大戦以前の歴史があること、すなわち日本の委任統治時代とははっきり言いませんでしたが、そのことを含む発言があったことです。

さらに令和元年に開かれた外交樹立25周年の会談では、安倍総理が日本とパラオは友人であると表現したところ、レメンゲサウ大統領は友人というより兄弟である、と述べています。

この二人の温度差は何なのでしょうか？

もしかして安倍総理は日本の委任統治時代、すなわち日本の植民地政策を外務省大洋州課から全くブリーフィングされていないのではないでしょうか？

日本が国家として、この地域に関与したのは第一次世界大戦以降、日英同盟の下、日本海軍がインド太平洋をドイツから守り、同海域の制海権を得て、1919年のベルサイユ条約で赤道以北の旧ドイツ領であったミクロネシア地域を実質的に植民地としてからです。

それ以前のスペイン、ドイツ時代から日本は太平洋に積極的に進出しています。このことが第一次世界大戦参戦の伏線にもなったでしょうし、第二次世界大戦の原因にも、そして戦後のＡＰＥＣアジア太平洋経済協力の設立、さらには今議論されているインド太平洋構想につながっていると理解しています。日本にとってインド太平洋構想は、少なくとも明治以来の「南進」と言われる日本人の経済活動が基盤にあると理解して良いと思います。

１８９０年、田口卯吉《うきち》（幕臣の子）が天佑丸《てんゆうまる》による南洋渡航を試みたことが日本の南洋開発の第一歩です。この航海は、士族授産金で支えられました。廃藩置県で土地を失った武士が慣れない農業、商業を試みて失敗。明治新政府への不満は暴動という形に発展します。そこで政府は「士族授産制度」を設置し、職を失った武士たちの新しい生活を支えました。明治維新当時、２百万近い士族階級が日本にいました。総人口が３千万強でしたので大きな割合です。武士救済政策が南洋開発のきっかけを作ったのです。

田口卯吉
（1855 ～ 1905）

終戦1年前の昭和19年5月、財団法人南洋経済研究所が『南洋群島昔話　其の一』という興味深い本を出しています。この本は天佑丸に乗って以来、50年近く南洋開発に従事した関根仙太郎氏と船渡政助氏から波乱万丈の経験を聞きまとめたものです。現在も太平洋で活躍する南洋貿易会社の誕生の話です。

田口卯吉は、東京府が預かった士族授産金で士族の子弟を南洋の開発に送ろうと、明治22年に南洋商会を設立します。南洋商会は土佐で作った帆船、天佑丸（約91トン）を購入し、明治23年5月15日に横浜を出帆します。これに反対した士族は出航を中止させようとまでしましたが、南洋商会の発起人の一人、田口卯吉の強硬突破で南洋の島々への航海を成功させたのです。

これが日本の南洋発展史の一ページとなります。この天佑丸に漫画『冒険ダン吉』のモデルとなった森小弁が乗船していました。彼も士族出身です。

天佑丸の試みは一年で頓挫《とんざ》し、非難を受けることになったようですが、これをきっかけに日本人による商売が、次々にミクロネシア諸島に展開されます。1899年ドイツ・スペイン条約でドイツがこれらの島の領有権を得ましたが、スペイン、ドイツ時代にまたがって、日本の貿易会社がほぼすべてを仕切っていたのです。

日本と南洋の関係は、明治維新で職を失った武士たちがつくったともいえます。それは1890年から始まり、2020年は日本・ミクロネシア交流130周年記念となるはずです。

南洋開発の最初のページをめくったのは、武士だけではなく、紀州の漁師たちの活躍もありました。この天佑丸に乗り込んでいた紀州日置《ひき》村の人々が「日置会社」を設立。後の南洋貿易会社になります。「畳の上で死ぬのは男の恥」という気風がある日置村の人々の南洋探検談が『南洋群島昔話』に書かれています。

当時の地図は正確でなく、期せずしてニューギニアに辿り着いた時は、現地人に食べられた仲間もいたとあります。1914年、第一次世界大戦勃発後、日本海軍に占領されたミクロネシアの島々を見て、創設者の日置の方たちは自分たちの役割は終わったと、一銭も貰わずに南洋貿易会社を去りました。それは以下の田口が記した通り、彼らの「南進」は維新で職を失った武士の希望であると同時に、国家事業という自負があったからでしょう。

天佑丸が出港した翌年、1891年、拙者の初志は単に商業に止まるにあらず、東京府士族の有志者をして南洋に移住せしめ、一は以て其独立を助け、一は以て国威を伸べんと欲するにありしなり、今其実況を見て益々之を信ずる深しと云ふ。
明治二十四年一月　田口卯吉

天佑丸の南洋探検以前にも、日本人は南洋に向かいました。１８６８年の明治元年には40名の日本人がスペイン領のグアムへ、同年１５３名の契約労働者がハワイへ移民します。現地での彼らへの扱いはひどく、亡くなった方もいます。これを知った明治新政府はひどく動揺します。

　田口の南洋開発を支えた榎本武揚《たけあき》は、駐露特命全権公使時代の１８７７年に南洋群島買収建議を政府に提出しています。そして、１８７９年には東京地学協会を、１８９３年には殖民協会を設立します。榎本は１８５７年、長崎海軍伝習所でオランダ海軍軍人から軍事学を学び、その後、オランダに留学して軍事学・国際法を学んだのです。榎本は西洋諸国の植民の実態や現地事情を法律の観点も含め、よく理解していたはずです。

（上）長崎海軍伝習所
（左）ハーグで学ぶ
28歳の榎本武揚

漁師の南進

　廃藩置県で職を失った士族たち。これに加えて急激な人口増加が明治維新と共に発生します。『海の民のハワイ』を著された小川真和子《まなこ》博士は、日本人による海洋植民・開拓とでも呼ぶべき斬新な研究をされています。

　明治政府による古い身分制の廃止、職業の自由化によって、それまで被差別部落が持っていた皮革産業等の専売権が失われた上に、差別によって入漁権を得られず、水産資源を求めて海外へ向かったことが書かれています。

　インド太平洋を語る時、その海の開拓に日本が

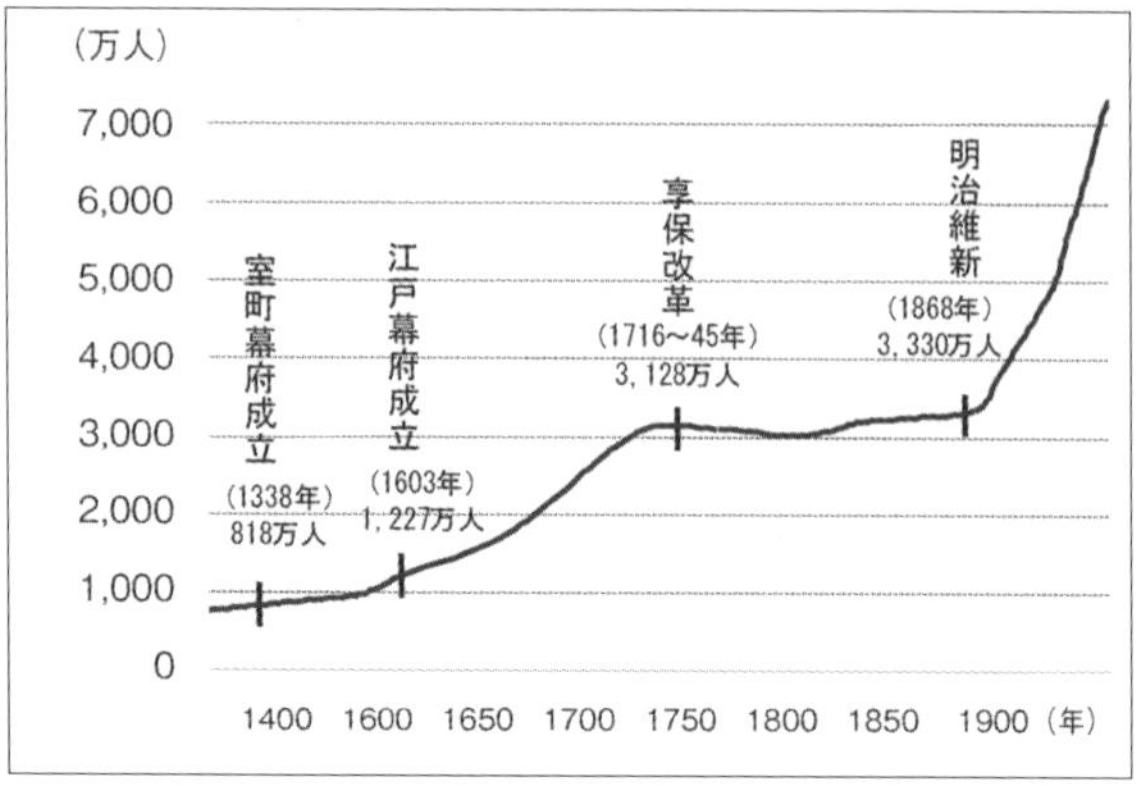

享保改革以降100年以上、日本の人口は３千万人を維持するが、明治維新で一気に増加する。この人口増加が日本の植民活動の要因であった（国土交通省「国土の長期展望　中間とりまとめ」を元に作成）

どのように関わってきたのか、その経緯を理解しておくことは重要です。まずは次ページの地図から日本に広がる漁村を見てみましょう。

　日本の漁村が集中するのは瀬戸内海、九州北部、紀州周辺と限られています。水産資源があることが漁業成立の条件ではないのです。

　それでは、漁業が成立するには何が必要か？

　当たり前のようですが消費者、市場が必要なのです。瀬戸内海や紀州は水産資源が豊富であると同時に、京都、奈良、大阪といった大消費地が近くにありました。さらに、小川博士は農業に必要な干鰯《ほしか》の需要もあったことを述べています。

　先に述べた天佑丸に紀州日置村の人々が乗り込み、日置会社を設立した話は、このような紀州の漁業の歴史と無縁ではないかもしれません。

　１８７０年代には、島根県出身の野波小次郎がオーストラリアの木曜島で高級ボタン材料だった真珠貝の採取を始めます。１８９０年頃には、主

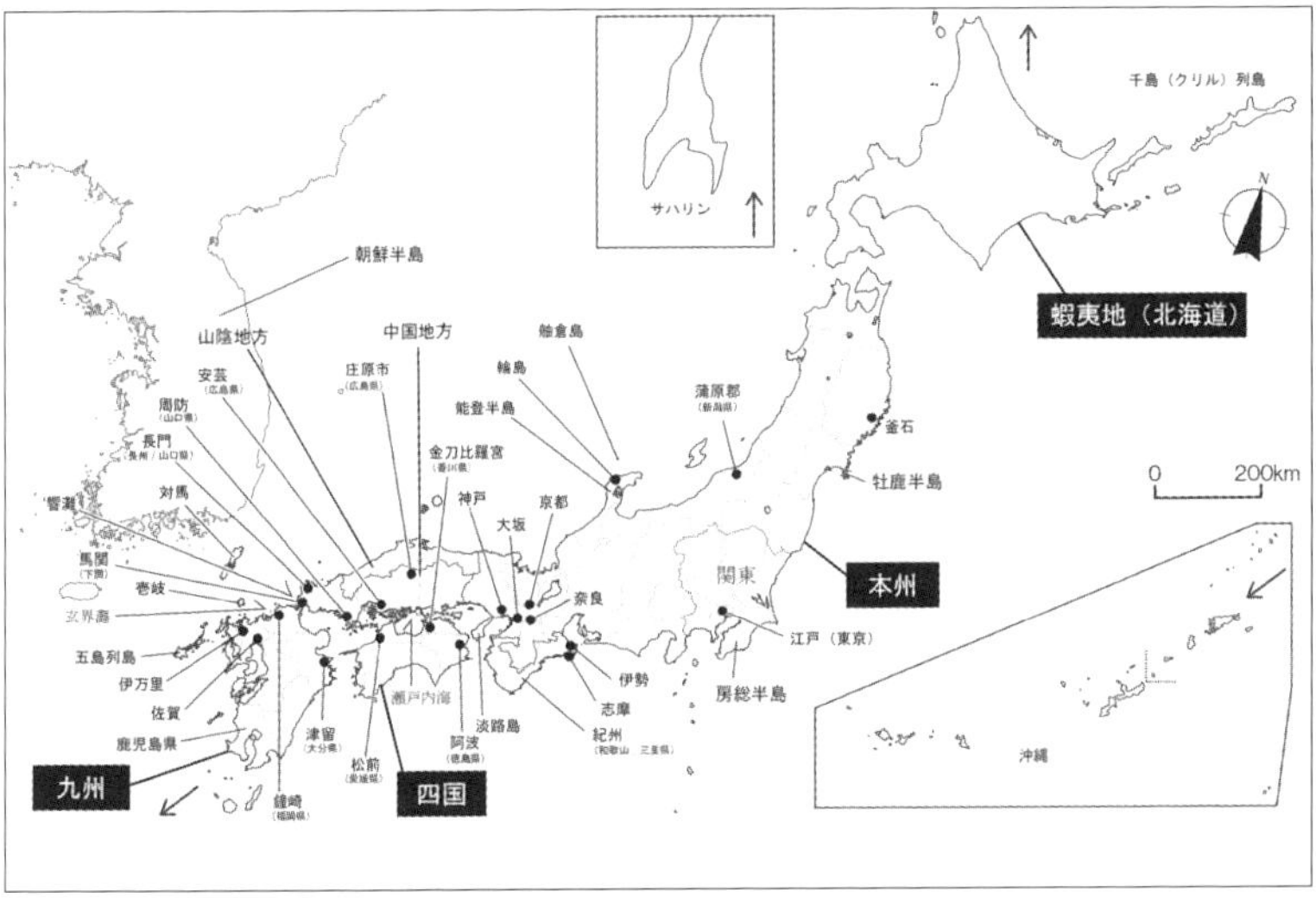

京都・奈良・大阪といった市場の需要があったため、瀬戸内海・紀伊などで漁業が栄えた（小川真和子『海をめぐる対話　ハワイと日本』14頁より引用）

に紀伊の沿岸部の人々が何百人も木曜島に渡りました。天佑丸が南洋開発を目指してミクロネシアに向かった１８９０年、すでに紀州の漁師は太平洋の海を知っていたということです。

小川博士の『海の民のハワイ』では、ハワイに移民した紀伊や瀬戸内海地方からの移民が、海洋を面として開拓したことで、日本人がハワイの水産業を開発独占し、先に入植した西洋人との摩擦・協力、米国本土の排日運動と準州ハワイ知事の支援、という多面的な関係が築かれていったことが描かれています。戦中・戦後の復興の中で、日本人がハワイで再興した水産開発の歴史も描かれており、ハワイにおける日本人の社会的地位がなぜ高いのか理解できます。２０１２年に亡くなった日系のダニエル・イノウエ議員は、ハワイの漁業を支援してきた政治家です。

日本はハワイ、ブラジル、メキシコ、ペルーなどに多くの移民を送り出しましたが、太平洋のニューカレドニアにはニッケル鉱夫として数百人が、フィジー、ニューヘブリデス（現バヌアツ）などへも数百名規模の契約労働移民として渡って行きました。

もう一人、南洋開発の最初のページを開いたダイバーがいます。肥前島原で1866年に生まれた小嶺磯吉です。1890年、オーストラリアの木曜島に24歳の小嶺磯吉は渡ります。小嶺は英国人に雇われ、真珠貝のダイバーとして働きます。その間、ドイツ領であったニューギニアまで訪ね、貝や魚の豊かな海であることを知ります。その報告が1893年に榎本が設立した殖民協会で報告され、小嶺の存在は榎本も知るところとなるのです。

1894年の日清戦争での日本の勝利は、オーストラリアを含む西洋諸国に日本への警戒感を持たせるきっかけにもなりました。白豪主義による排日の動きの中で、小嶺は豪州クイーンズランドの帰化申請を却下され、ドイツ領のニューギニアに商売の可能性を見つけます。オランダで国際法を学んだ榎本武揚は、ニューギニアなど南洋の未開発の土地を日本が購入し、移民計画を検討しています。外務大臣時代には外務省に移民課を設置し、現地調査までさせていました。小嶺の活動を日本政府の榎本はじめ植民政策者は支援していたのです。

小嶺は1902〜1912年、ドイツのヘルンシェイム商会と共に、パプアニューギニアの北東部ニューブリテン島、ニューアイルランド島、アドミラルティ諸島を開発。日本から150名近い移民を受け入れました。1914年に勃発した第一次世界大戦では、小嶺は豪州軍をドイツから守り、豪州政府から表彰されています。

1919年にはラバウル一の金持ち、と言われるほど商売は成功。特に小嶺が活躍したのが原住民との紛争調停で、英・独・スペイン語、現地共通語であるピジン語、さらにいくつかの現地語に堪能だったといいます。パプアニューギニアには９００前後の言語がありますが、小嶺はこの中のいくつかを話せたのです。原住民を懐柔し、彼らの文化を理解し心をつかむ術を持っていた小嶺。当時集められたパプアニューギニアの民族学的に貴重な小嶺コレクションは、現在も慶應義塾大学に保存されています。

第一次世界大戦以降、独領ニューギニアはオーストラリアの委任統治地域となり、小嶺の商売も徐々に圧迫されていきます。赤道以北の旧独領を委任統治とした日本政府は、オーストラリア政府に遠慮して小嶺の支援要請に応えませんでした。榎本をはじめ、日本海軍の支援を受け、日本の国家的事業として南洋開発に人生をかけた小嶺はどのような思いだったでしょうか？

小嶺は事業を整理する中、１９３４年に食中毒で亡くなります。享年69歳でした。豪州による毒殺との見解もあります。１９３４年といえば満州事変で世界の日本に対する不信感が高まっている時です。小嶺の現地における影響力や日本軍との関係を知れば、豪州政府が暗殺する動機があったとしても否定できません。

ドイツのビスマルク政権は、徐々にその植民地を拡大していきましたが、最終的にスペイン領であったパラオ、ヤップ、ポナペ、トラック、コスラエ、マーシャル諸島、ナウル、ブーゲンビル島、そしてサモアと広大な太平洋の植民地を運営します。小嶺が開拓したラバウルは、ドイツ南洋植民地の首都でした。よって、ラバウルにすべてのドイツ植民地情報が集まり、発信されるのです。小嶺は第一次世界大戦中にラバウルのドイツ人が、米国にいるドイツ人に豪州艦隊の動きを逐次報告していたことを豪州海軍に報告しています。ドイツと敵国となった日本人として、そのような選択をせざるを得なかったのでしょう。小嶺が把握していた太平洋情報は日本にも送られていたはずです。

インド太平洋の制海権を握る日本

結果的に小嶺のニューギニアでの商売を圧迫することになった第一次世界大戦の戦後処理。日本の参戦によって赤道以北の旧ドイツ領が日本の委任統治領となり、赤道以南の独領がオーストラリア・ニュージーランドの委任統治となりました。

この第一次世界大戦については防衛大学校第1期生だった平間洋一教授の『第一次世界大戦と日本海軍』に詳しく書かれています。第一次世界大戦については、外交関係や中国の研究はあっても海軍がどのように関わったかを分析したものは少ないとのことです。私はこの本を読むまで、日本の第一次世界大戦への参戦は「火事場泥棒」「割って入った」と思い込んでいました。多くの資料にそのように書かれているからです。

しかし、平間教授は、英・豪の外務省と国防省の情報・認識の錯綜《さくそう》から日本の参戦範囲が拡大していったことを分析されています。日本は火事場泥棒ではなく、英国からの要請で太平洋だけでなく、マラッカ海峡とインド洋を守ることになり、結果的にインド太平洋の海洋権益を握ることとなったのです。イアン・ニッシュという英国の歴史学者は、英国を守ったのはフランスよりも日本の海軍力である、と述べています。

しかし、日本が英国、そして当時はまだ英国の植民地であったオーストラリア、ニュージーランド、さらにインド太平洋をドイツから守ったという史実は一般的ではないようです。

日本に疑惑を持つ米国は、1917年以降の5年間で156隻の大艦艇を建造しています。これを日本側は無気味であると認識していました。ドイツが去った後の太平洋の覇権を日本に取って代

平間洋一博士
（1933～2020、元護衛艦「ちとせ」艦長、元防衛大学校教授　写真提供／平間あきひこ氏）

われ、対日脅威論が米国内で強まって行く様子も平間教授は書いています。米国は自分たちがグアムに海軍基地を設置していたにもかかわらず、日本の太平洋諸島の軍事化を避けるため、パリ講和会議で委任統治に軍事基地化を禁止する条項を提案します。

１９２２年のワシントン会議では、さらにヤップの海底通信ケーブルをめぐる日米条約を結んでいます。それでも疑惑が晴れない米国は同年、海兵隊司令部のエリス中佐をサモア、フィジー、オーストラリア、フィリピン経由で、日本に派遣（１９２３年８月）。さらにヤップ、コスラエ経由でパラオに派遣し、スパイ活動を行わせています。

エリスはアルコール中毒のためパラオで亡くなりますが、この事件をめぐってもさらに日米関係はこじれるのです。

当時の日本の太平洋への膨張が現在の中国のそれとよく比較されます。

しかし、当時の日本には軍事的な南進の意図こそあれど、日英同盟など外交努力を重ね、パリ講和会議やワシントン軍縮会議に参加し、国際法を遵守していたのではないでしょうか。

平間教授の本には、海軍では異色の北進論者だった秋山真之《さねゆき》少将が、南洋群島の占領を強く推したことも書かれています。他方、秋山は紀州や瀬戸内海の漁民がミクロネシアで貿易を行い、小嶺がニューギニアのラバウルを開発していたことを知っていたはずです。すなわち南洋に日本の移民と商売がすでに存在し、さらなる経済発展の可能性があることを。

１９１４年10月、日本海軍によって占領された旧ドイツ領の南洋諸島ではそのまま軍政が敷かれました。その際に海軍が作成した「南洋群島施政方針」には、軍事上の利便性を促進することを第一の目的とし、島民を取り込むと同時に邦人の産業を支援する、という方針になっています。ミクロネシアで最初の初等教育学校も日本の軍政下でできました。興味深いのは、観光団を企画し、日本に招待する事業です。１９１５年に実施された観光団にはトラック、ポナペ、ヤルート、アンガウル、ヤップなどから数名が日本にひと月以上招待されています。島々の酋長《しゅうちょう》が選ばれ、軍政のための懐柔政策と思われますが、これはまさにドイツが植民政策として行ってきたことを踏襲したのです。

他方、島民を邦人と平等に扱い、教育福祉を重視する海軍の政策に、ドイツ時代差別を受けていた邦人企業は不満を持ち、ドイツ時代を懐かしみ、反日的感情さえ示したといいます。

軍人による植民地運営に限界はなかったのでしょうか？

軍部による植民運営が成功した例を知りません。台湾は、軍人の児玉源太郎が後藤新平という社会学と公衆衛生の専門家にすべて委任したのです。満州も同様です。

１９１９年ベルサイユ条約で日本の委任統治が決まったミクロネシア地域の統治方法を検討するため、34歳の外務官僚・重光葵《まもる》参事官が現地調査をした報告書があります。

１９２１年1月15日、横須賀を出港した軍艦「春日」に乗船した重光は、2カ月をかけて島々を訪問し台湾の高雄《たかお》に戻ります。当時は、外務省のベスト&ブライテスト（最良の、最も聡明な人々）が太平洋島嶼国の問題を担当していたのです。この報告書は極秘文書「南洋視察に関する報告」と

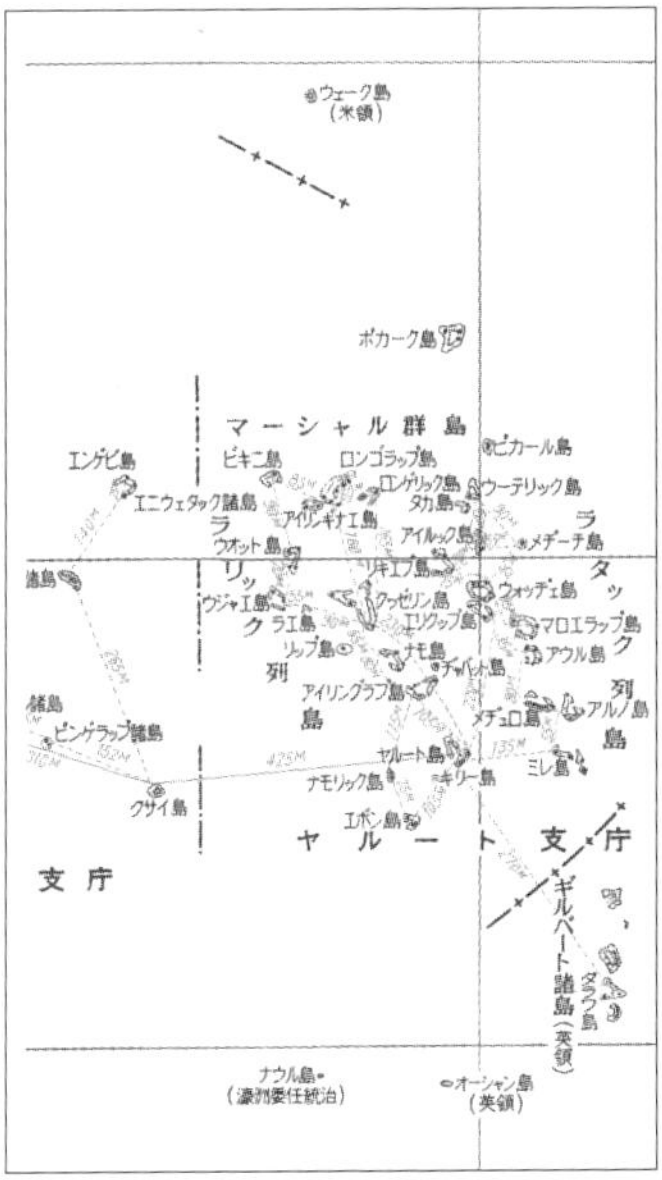

（上）若き日の重光葵

（左）日本の委任統治だった南洋群島を結ぶ離島航路は英領のタラワ、豪州委任統治領のケビアン、ラバウル、そして蘭領のメナドまで結ぶまさに「自由で開かれた」貿易を示している（『南洋群島の研究』付録地図／『矢内原忠雄全集第３巻』より）

して記録され、現在は公開資料としてアジア歴史資料センターのウェブで誰でもダウンロードできます。

当時、ミクロネシア統治に関しては、次の４つの意見があったと言います。

（イ）外務省の領事館を置いて簡単な統治とする
（ロ）一殖民地機関をおいて統治する
（ハ）台湾に統治を委託する
（ニ）之らの中間の意見もあり

重光は高雄到着後すぐに報告書を完成させています。そこには「速やかに軍政を撤廃し、純然たる文治行政を敷くの急務なるを咸す」とあります。連盟規約で軍事利用が禁止されたことも理由ですが、現地調査で軍部の特に下級軍人（下士水兵）による暴力、婦女暴行の実態が明らかにされたのです。日本人を含む住民は軍人からの報復が怖くて事件を報告できないことも具体例として挙げられています。

重光の現地調査によって、残念ながら先に述べた「南洋群島施政方針」を掲げた軍政の限界、弊害が確認されたのです。そのような情報は現地の西洋人宣教師やジャーナリストによって誇張され、海外に報告されることも重光の報告書の中で指摘されています。地域によっては日米が戦争を始め、ここは米国になると述べる島民もいたほど軍政の評判は悪かったのです。

１９１４年10月に開始した軍政は、南洋諸島の軍事的強化を一義的目的としましたが、それはベルサイユ条約で禁止されました。台湾、満州での軍政を批判し「文装的武備」を説いた後藤新平の植民政策が南洋で応用されなかったのです。安全保障を経済と軍事の両面から把握すること、すなわち「経済安全保障」の観点こそ重要なのではないでしょうか？

太平洋の何を守りたかったのか？

ミクロネシア旧独領占領地における軍政の非道を暴露した重光の極秘報告書は、その後の日本政府の南洋統治政策に影響を与えたはずです。「速やかに軍政を撤廃し、純然たる文治行政を敷くの急務なるを咸す」という重光の提案通り、１９２２年３月に海軍防備隊は撤退、１名の海軍武官が駐在するのみとなりました。それにしても１９１４年10月の占領後からですから、７年強のミクロネシア諸島での軍政による負の影響は大きかったと想像します。

現在、日本の防衛省は、この地域の文化・歴史をどれほど知っているでしょう？

例えば､多くの島嶼国では男女平等は禁物です。伝統として女性の方が地位が高いからです。ミクロネシアを占拠した大日本帝国海軍は、このような基本的な現地の文化を知らなかった、いや正確には学ぼうとしなかったのです。過去の失態を繰り返していけません。

さて、1922年4月1日から1945年の終戦まで南洋庁が置かれます。日本の施政を中心に本格的にこの地域を調査研究し、報告書『南洋群島の研究』を出したのが、東京帝国大学で植民政策を教えていた矢内原忠雄です。満州事変勃発後、日本の国際的信用が失われる中で、国際連盟において、南洋群島における日本の軍事化を疑う声が上がり、それに対して現状調査をすることが主な目的でした。

同書は英語にも翻訳され、1940年にオックスフォード出版から出されています。矢内原忠雄のご子息、矢内原勝氏によれば、第二次大戦後に南洋群島を支配下に置いたアメリカにとっても、この地域についての最も信頼すべき著作であり、グアム司令官の求めに応じて同氏が本書を東京滞在中の司令官に届けた、とあります。

同書には、日本の統治が国際連盟規約にあった島民の保護、福祉の向上について、課題を抱えつつも適切に対応していたこと、また軍事根拠地の建設ではなく、人口の増加と水産業の発達に伴う漁港をはじめインフラの整備が行われたことが書かれています。

1920年の南洋群島の日本人人口は3千617人。1933年には3万670人と約10倍に増えています。島民全体の人口は1920年4万8千505人から1933年5万114人に微増。1933年の日本人人口の3万670人の57%が沖縄、その次に多いのが東京の小笠原、八丈島、鹿児島県の奄美大島と日本の南洋島嶼部からの移民で占められていることが述べられています。その理由としては、島の人口過剰、経済的疲弊、同じ熱帯島嶼の環境が挙げられています。

島民の人口ですが、1910年のドイツ時代に

南洋庁時代のトラック島における鰹節生産
（1930 年頃）

は235あった村のうち151が廃村になっているとの報告があり、少なくとも日本の統治は人口減少を食い止めていたことが指摘されています。

　農業人口は1920年には520人だったのが1932年には8千447人に。水産業は1920年にはわずか39人だったところ1932年には1千336人と増加しています。1934年にはパラオとサイパンに鰹節《かつおぶし》工場を設立し、約300隻の中型漁船が操業。1933年には1トンを超える鰹節が生産され、日本内地にも輸出されるようになりました。まさに先に述べたハワイの水産業と同様に、消費者の存在が南洋群島の水産業を発展させたのです。他方、遠洋漁業と産業の発展と関連した政府の補助による港湾などのインフラ整備が、軍事活動と関連して海外から疑惑の目で見られる原因でもあったのです。

　第二次世界大戦で日本は何を守ろうとしたのでしょうか?

　太平洋のど真ん中に日本の委任統治領があり、そこに1939年には8万近い日本人が住んでいました。土地の開発だけでなく、遠洋漁業による広大な海洋の開拓もされていました。その島々を結ぶ航路や通信も発展し、オーストラリア委任統治領のラバウル、英領のギルバート諸島まで繋がっていたのです。ラバウルは、小嶺磯吉が開拓した場所です。

第二次世界大戦で日本軍がパプアニューギニア、ガダルカナル、ソロモン諸島へと進出したのは、米豪分断が目的と言われますが、上智大学名誉教授三輪公忠氏の興味深い分析があります。

１９２５年頃からドイツは旧植民地の返還を要求し始め、ヒトラー政権で再度強く主張されました。１９４０年6月22日、フランスがヒトラーのドイツに降伏した後は、仏領インドシナだけでなく赤道以南のフランス領はドイツの介入が容易となります。

もちろん、日本の委任統治領の南洋群島にドイツが介入してくる可能性もありました。イギリスがドイツに占領されれば、太平洋のイギリス植民地もドイツの手に落ちる可能性すらある中で、当時の外務大臣松岡洋右は、ドイツとの同盟関係の取引として大東亜共栄圏の拡大解釈を試みたのではないか、と三輪教授は述べています。

１９４０年7月の第二次近衛内閣成立以降の「時局処理要綱」には、次のような項目があります。

五、太平洋上ニ於ケル旧独領及佛領島嶼ハ国防上ノ重大性ニ鑑ミ成シ得レハ外交的措置ニ依リ我領有ニ帰スル如ク処理ス

（世界情勢ノ推移ニ伴フ時局処理要綱　昭和十五年七月二十七日より）

旧独領とは、まさに日本が統治していた南洋群島と赤道以南のパプアニューギニア北部、ブーゲンビル、サモア。仏領とはニューカレドニア、仏領ポリネシアです。松岡はどのような「外交的措置」を考えていたのでしょう？

なお、当時の南洋諸島領有権をめぐる日独の詳細な交渉については、等松春夫博士が『日本帝国と委任統治』にまとめています。

2014年7月、安倍総理夫妻を迎えるために、東セピック州を州の休日としたのは国父マイケル・ソマレ閣下。安倍総理夫妻が献花する戦没者慰霊碑があるウェワックは戦争中、日本軍の柴田中尉が少年だったソマレ閣下に自律の精神を説いた場所だ。
（写真提供／共同通信社）

もともと南進は経済的な発展、移民が目的であり、軍事進出それ自体が目的ではなかったはずで、三輪氏の分析は非常に納得できるものがあります。数万の日本人が移民して経済発展した南洋群島を守る目的がそこにあったのではないでしょうか。

パプアニューギニアの独立を導いた日本軍の存在もありました。国父マイケル・ソマレ閣下は1942年にパプアニューギニア北部ウェワックに上陸した日本軍柴田幸雄中尉から初めて教育を受け、独立精神を学んだことを自伝「SANA」に書いています。

日本の敗戦が明らかになり、捕虜として囚われていく柴田中尉達に村人達が魚の燻製《くんせい》を作り持たせたともあります。隊によっては現地住民と不幸な関係があったことも書かれてありますが、戦後の日本とパプアニューギニアの関係に日本軍が果たした役割を忘れてはなりません。

第4章
冷戦下の太平洋の島々

フルシチョフの靴とビキニ核実験

委任統治領の南洋群島を失い、旧独領のパプアニューギニア、ソロモン諸島でも連合軍に大敗し、日本は太平洋の島と海を失いました。

では、戦勝国の米・英・仏・豪・ニュージーランドは太平洋の何を守りたかった、もしくは守ろうとしているのでしょうか?

ベルサイユ条約によって1922年4月に成立した日本の南洋委任統治領は戦後、そのまま国連の下で信託統治領として戦勝国の管理下に置かれました。これにより、日本の委任統治領であった南洋群島は、米国の管理下に置かれます。

そこで始まったのが核実験です。広島・長崎の原爆投下から1年を待たない1946年7月1日、戦後初の核実験が米国の信託統治領となった旧日本委任統治領マーシャル諸島のビキニ環礁で行われました。これを契機に、米国の太平洋での核実験は60年代初頭まで100回以上続きました。

米国だけでなく、英・仏も太平洋での核実験を実施します。

フランスは、仏領ポリネシアのムルロア環礁で核実験を始め、冷戦終結後の90年代まで200回近くも続けました。第5章で触れますが、この核実験の影響は、中国の進出を招く形で現在も尾を引いています。

イギリスも旧英領のキリバスで10回近い核実験を行っています。

一方、ソ連とインドは、信託統治領での核実験、すなわち米国によるマーシャル諸島での核実験に強く反対しました。

この間、米ソ両国の緊張が高まります。1960年の第15回国連総会で、ソ連のフルシチョフ書記長が有名な演説をしました。演説中、机をバンバンと叩いたことがあたかも靴を持って叩いたように伝えられました。実際に靴は持ってはいませんでしたが、フルシチョフ本人も後にその逸話を好んで利用したそうです。

ところで、フルシチョフ書記長は、何をそんなに激しく訴えたのでしょう?

彼が訴えたのは、「反アメリカ帝国主義」でした。具体的には、信託統治領となった旧日本委任領のミクロネシアの島々の解放です。しかし、米国はもちろん、この島々を手放すつもりはありません。なぜならば、第一次世界大戦以来、日本による軍事化をあの手この手で阻止し、最終的には日本と戦ってまで勝ち取ったのが、この西太平洋の島々と広大な海域だったからです。

こうして守り抜いた広大な太平洋には、フィリピン、グアムの米軍基地、そして現在インド太平洋司令軍の本拠地となっているハワイがあります。

米国のマーシャル諸島での度重なる核実験には、ソ連だけでなく多くの国が懸念を示しました。日本もその被害者となったのです。

戦後日本の漁業活動を厳しく制限したマッカーサーラインがなくなった1952年4月を契機に、再び日本漁船は太平洋に繰り出します（同年「李承晩ライン」が設定されます）。日本は、遠洋漁業基地を米領サモアのパンゴパンゴ、ソロモン諸島、バヌアツなど太平洋の島に次から次へと設置しました。

こうした中で1954年、第五福竜丸ほか600隻近い日本漁船がビキニ近海で被曝し、日本国内で反核運動が開始されます。この出来事は日米関係にも大きな影響を与えることとなりました。

フルシチョフ書記長の国連演説（1960年）を否定しなかった国々があります。それは1955年にインドネシアのバンドン会議に集まったアジア＝アフリカ諸国・地域です。フルシチョフの演説は、コンゴ問題をめぐるハマーショルド国連事務総長批判、さらには反アメリカ帝国主義に対する脱植民地化、信託統治領での核実験反対を訴えるものでしたが、結局失敗に終わります。

しかし、米・ソどちらの陣営にもつきたくない、もっと言えば、どちらからも利益を得たい途上国が非同盟を組み、フルシチョフの演説内容をほぼ踏襲した国連決議1514号独立付与宣言が採択されます。

同時に3つの政治的地位「独立国家との自由な連合」「独立国家への統合」および「独立」の選択を示した国連決議1541号を採択しました。この決議を受け、太平洋ではニュージーランドの信託統治領であった西サモアが1962年、英・豪の共同信託統治領であったナウルが1968年にそれぞれ独立します。西サモア、ナウルは旧独領です。これは、ベルサイユ条約で提案された委任統治という新しい政治的地位が、両国の独立をいち早く促したとも言えます。独立以外の道として、国連決議で示されたのが「自由連合」です。1965年にはニュージーランド領であったクック諸島が自由連合協定を同国と締結します。

この国連決議1514号独立付与宣言を受け、アフリカでは17の国家が独立。1960年を「アフリカの年」と呼びます。ソ連のフルシチョフの演説がきっかけで誕生したアフリカに猛烈に接近したのが、中国です。周恩来首相は1964年、2カ月にわたり、50名の訪問団を引き連れてアフリカ10カ国を訪問。当時国連の加盟国であった台湾に代わって、中国がその地位を得ることが最大の課題でした。

中国は、農業を中心に独立したアフリカ諸国の開発を支援しました。同時に第二次コンゴ動乱、ルワンダの反政府組織活動、ザンジバル革命運動に軍事訓練や武器供与の支援も行っていました。

　こうして、中国はこれら途上国の支持を取り付け、1971年、念願の国連代表権を台湾に代わり獲得します。新興途上国の数の力で得た国際社会のポジション。こうした背景が70年代の太平洋島嶼国の誕生とも関連してくるのです。

周恩来によるエチオピアのハイレ・セラシエ1世訪問（1964年）

島がEEZと共に独立国家となる日

　60年代に独立したサモア、ナウルに続いて、70年代にはトンガ（1970）、フィジー（1970）、ニウエ（1974、ニュージーランドと自由連合）、パプアニューギニア（1975）、ソロモン諸島（1978）、ツバル（1978）、キリバス（1979）、バヌアツ（1980）と8カ国が独立もしくは自治権を強化します。

　一体、70年代は太平洋の島々にとってどのような時期だったのでしょうか？

　1960年の1514号独立付与宣言の採択を受けて、1964年にイギリスから独立した地中海の小島マルタの国連代表パルド大使は、国連総会で4時間に及ぶ新海洋秩序に関する演説を行いました。

　これをきっかけに、現在の国連海洋法条約が制

国・地域	陸地面積　㎢	EEZ　㎢	EEZ/陸地面積比率	人口	EEZ/人口　㎢
米領サモア	199	404,367	2,031.995	56,700	7.132
クック諸島	237	1,960,027	8,270.156	15,200	128.949
ミクロネシア連邦	701	2,992,415	4,268.780	105,300	28.418
フィジー	18,333	1,281,703	69.912	888,400	1.443
グアム	541	221,899	410.165	172,400	1.287
キリバス	811	3,437,132	4,238.141	120,100	28.619
マーシャル諸島	181	1,992,022	11,005.646	55,500	35.892
ナウル	21	308,506	14,690.762	11,000	28.046
ニウエ	259	316,584	1,222.332	1,520	208.279
北マリアナ諸島	457	748,867	1,638.659	56,200	13.325
ニューカレドニア	18,576	1,422,596	76.582	285,500	4.983
パラオ	444	604,253	1,360.930	17,900	33.757
パプアニューギニア	462,840	2,396,575	5.178	8,558,800	0.280
ピトケアン	47	836,103	17,789.426	49	17,063.327
仏領ポリネシア	3,521	4,771,088	1,355.038	277,100	17.218
サモア	2,934	131,535	44.831	196,700	0.669
ソロモン諸島	28,230	1,596,464	56.552	682,500	2.339
トケラウ	12	319,049	26,587.417	1,400	227.892
トンガ	749	664,751	887.518	100,300	6.628
ツバル	26	751,672	28,910.462	10,200	73.693
バヌアツ	12,281	827,626	67.391	304,500	2.718
ワリス・フツナ	142	258,270	1,818.803	11,700	22.074
日本	380,000	4,650,000	12.237	126,529,100	0.037
中国	9,600,000	2,236,430	0.233	1,392,730,000	0.002

太平洋島嶼国・日本・中国の陸地面積、EEZ面積及び人口とその比率

日本のEEZは陸地の12倍。中国は20％しかない。クック諸島は8270倍。キリバスは4200倍。人口一人当たりのEEZ面積は、日本は0.037㎢mで東京ドーム約１個分。クック諸島は東京ドーム3500個分、キリバスは773個分（筆者作成）

EEZ データ: http://www.seaaroundus.org

日本および中国の人口データは世界銀行・外務省・海上保安庁ウェブより。

I wish to acknowledge the assistance of staff of the Pacific Community (SPC) in providing permission to reproduce an SPC data appearing in this table.

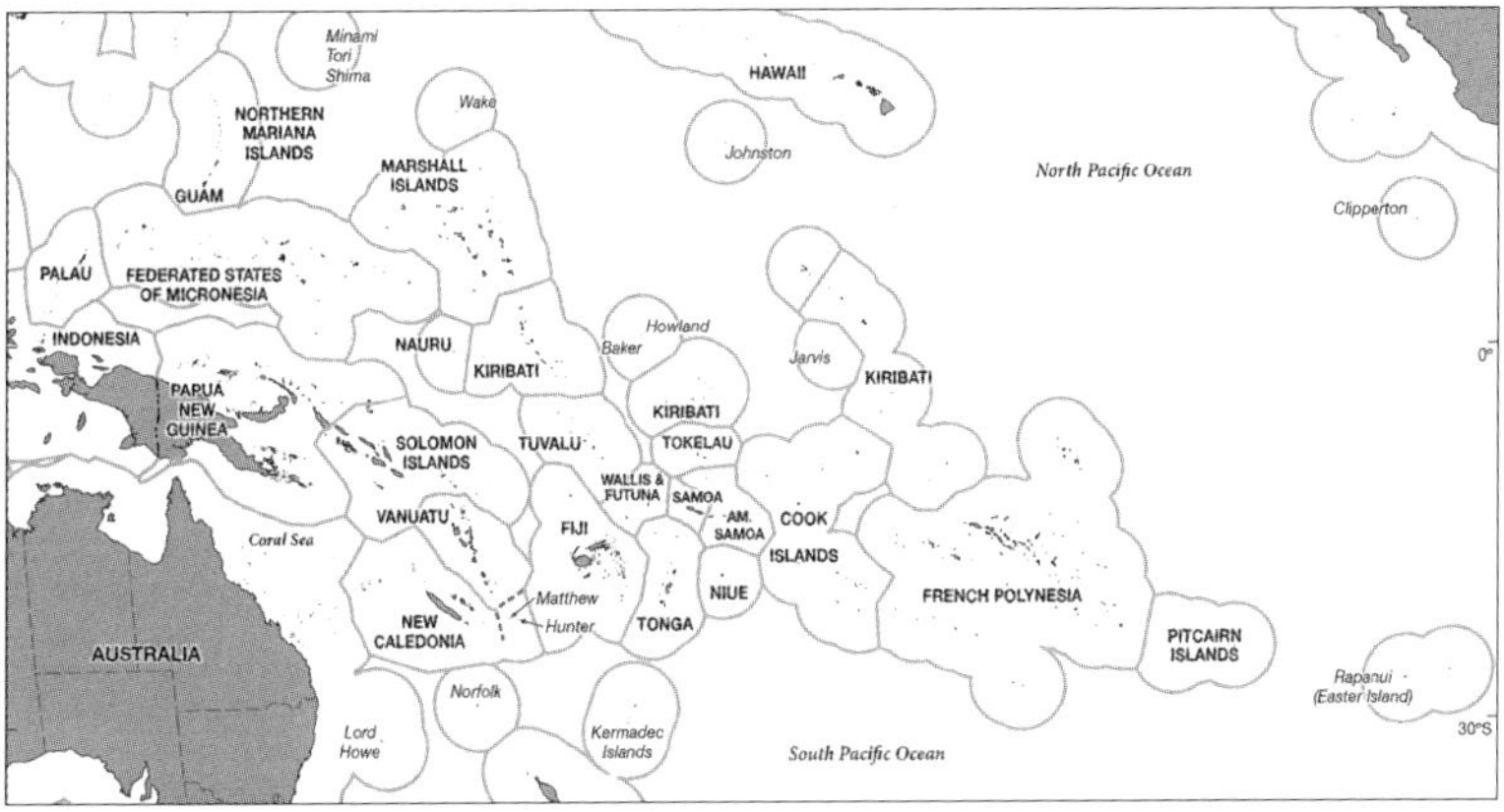

EEZで埋め尽くされる太平洋の海。しかしその実態は監視も規制もほとんどされていない無法地帯である。政府が犯罪に関与しているケースもある。

定されることになるのです。パルド大使は、海洋開発技術を持たない途上国と、技術を持つ先進国の格差を指摘し、海洋資源を人類共同の財産とすることを提案しましたが、60年代に独立したアフリカ諸国、そして南米諸国は沿岸に隣接する広大な海洋権益の囲い込みを主張するようになります。国際海洋法裁判所長を務めた柳井俊二氏の言葉を借りれば、「そこには相反する概念が共存していた。すなわち200カイリまで経済水域を拡大（国家管轄権の拡大）しようとする立場と、『人類の共同財産』として海洋の位置付けを行う立場である」（柳井俊二「わが国を取り巻く海洋問題と国際紛争解決制度」）という状態が発生しました。

太平洋の島々はまさに、「200カイリまで経済水域を拡大（国家管轄権の拡大）しようとする立場」でした。すなわち、天然海洋資源さえあれば独立できるという立場だったのです。海洋法条約が制定される以前の70年代、世界各国が次々とＥＥＺ（排他的経済水域）を宣言して行く中で、上記の８つの太平洋島嶼国が誕生したのです。

国連海洋法条約は、海洋に囲まれた小島嶼国にとって至れり尽くせりの内容になっているようにも読めます。クック諸島などの完全な独立国家とまでは言えない提携国家への署名を開放した３０５条署名条項のc)、d)、e)には、提携国家などの完全な独立をしていない自治地域の署名を認めています。さらに62条生物資源の利用では、「沿岸国である開発途上国」が十分な補償を得る権利が書かれています。

自ら管理も開発もできない広大なＥＥＺを保有した太平洋島嶼国。その背景には、漁業先進国として、戦後世界の遠洋漁業を開拓して行った日本漁船を世界の海から追い出し、オーストラリアやニュージーランドが日本に取って代わろうという思惑がありました。

しかし、両国とも漁業産業の経験や市場が少なく、現在でもニュージーランドでは日本の大手の水産会社が入って運営している状態です。太平洋島嶼国に至っては、台湾、中国が現地に合弁漁業会社を設立したり、「便宜置籍船」という名目で、太平洋島嶼国の旗で漁船を運用している実態があります。70年代に広大なＥＥＺと共に独立した太平洋島嶼国は、未だに経済的自立にはほど遠く、海外からの援助に大きく依存しているのです。

このＥＥＺ設立の背景には、中国とアフリカをはじめ、発展途上国の関係があることをZheng Wang博士が「China and UNCLOS An Inconvenient History」（２０１６）で以下のように議論しています。

アフリカをはじめ途上国の支援を受けて、１９７１年に国連加盟を果たした中国にとって、国連海洋法条約は初めての重要な議題でした。アフリカ・南米諸国が主張し、太平洋島嶼国誕生のきっかけとなったＥＥＺ制度が中国にとって不利

中国は、漁業産業を自分たちで運営できない太平洋島嶼国と合弁会社を設立し広大なEEZ 資源を確保。問題は水産資源管理のための太平洋島嶼国政府の規制、管理能力の限界。写真は中国とバヌアツの合弁会社「Sino-Van Fisheries」。

（写真提供／バヌアツデイリーポスト）

であることも気がついていました。

中国は１万８千㎞の沿岸線を持ちながらも、地理的制約を受けるためＥＥＺは限られてしまうのです。中国の識者には、「中国は海洋法条約の最大の敗者である」という見解を持つ人々が多数を占めていました。

１９７３年から１９８２年、10年の年月をかけて討議された第三次海洋法条約に中国はどのような姿勢で臨んだのでしょうか？

文化大革命の傷がまだ癒されていない中国は、指導者から３つの基本方針を示されていました。①米国・ソ連の覇権反対、②途上国支援、③国益です。特に２つ目の途上国こそ、台湾を抑えて中国が国連加盟することができた恩人であるため、その恩を返す必要があるという認識でした。

海洋法条約のＥＥＺ制度は途上国の海洋資源獲得が目的ですが、これに米・ソの覇権国、日本などの海洋大国は反対していました。中国はこの２

つの対立を見ながら、結局途上国側に立つことにしたのです。ところが近年では、自国に不利な海洋法条約から中国は離脱すべきとの声が高くなっているといいます。

しかし、自ら管理も開発もできないＥＥＺを抱える小島嶼国の管轄権を合法的に、すなわち先に書いた中国との合弁会社の設立等を通して抑えることができれば、中国にとって不利であった海洋法条約のＥＥＺ資源を最大に利用することも可能です。第５章で詳述しますが、中国は今まさに島嶼国が管理・開発しきれないＥＥＺを狙って、太平洋島嶼国外交を行っているように見えます。

植民は汚い言葉？

１９７０年代に次々と独立を果たした赤道以南の太平洋島嶼国に比べ、かつての日本委任統治領であり、戦後は米国の信託統治領となった赤道以北のミクロネシア諸国は、冷戦下における米国の安全保障上の関係から、その独立は80年代後半以降と遅れることとなりました。

現在22の国と地域が太平洋にはあります（66頁参照）。赤道以南の島嶼国は英連邦のメンバーとして留まっています。ツバル、ソロモン諸島、パプアニューギニアは、英国のエリザベス女王を君主に迎えています。ツバルは１９９６年1月から１９９７年4月まで、ユニオンジャックを外した国旗を制定しましたが、やはりエリザベス女王の君主制を人々が強く支持したため元の国旗に戻りました。パプアニューギニアは９００前後、ソロモン諸島は１００前後の言語・部族を抱え、互いが争ってきた歴史があります。統一の国家アイデンティティとして外国の君主を迎える必要があるのでしょう。

その他に米国、ニュージーランドと自由連合協定を締結する独立国家、そして自治権を持つ仏領、米領があります。バウンティ号の反乱で有名になった英領のピトケアン島には50人前後の人が住んでいます。

　太平洋に散らばる島々は独立国家、自治権を持つ地域となっても旧宗主国はじめ先進国との関係を維持しています。絶海の孤島では、独立と言ってもその限界があることを島の人々は十分理解しています。この他に米国がいくつもの無人島を太平洋に保有しています。この島々が大きなＥＥＺを形成しており、米国が世界最大のＥＥＺ保有国となっている理由です。

　海外の援助に頼る太平洋島嶼国・地域が抱える一番の問題は人口増加です。多くの国民が海外に移住、留学、就労しています。例えば人口20万弱のサモアはその60％に当たる国民が、オーストラリア、ニュージーランド、米国に移住しています。これら移民が母国に送金する比率は大きく、サモアではＧＤＰの20％近い額が海外に住むサモア人からの送金です。伝統的価値を大切にする太平洋島嶼国では、移民した家族と母国に残る家族は強く結ばれており、送金は援助に続いて島嶼経済上、重要な財源です。昨今の情報通信の発展は、この移民制度を支援する結果となっています。

　独立は、太平洋の島々にとってどのような意味があるのでしょうか？

　独立国サモアから飛行機で30分も離れていない米領サモアでは、現在も誰も独立を望まず、独立を公約に掲げる政治家は支持者をすぐに失うそうです。米国市民権はないのですが、国民として米国パスポートでどこへでも行けるのです。先進国並みの福祉、教育の機会が権利として得られます。望めば米国市民権を得る機会もあります。米国連邦議会にも投票権がない代表を送っています。

　島の主要産業であるツナ缶詰工場には、隣の独立したサモアから多くの従業員を迎えています。米領サモアの人々は、独立した島の厳しい現実をまさに目の前で知っているが故に、独立を望まないのです。米国と自由連合協定を締結するミクロネシア3カ国も米国との協定の維持、強化を望んでいます。米国からの援助や様々な特恵待遇が、島のインフラを支えていると同時に、多くの国民が米領のグアム、サイパン、ハワイへと移民しているのです。

太平洋島嶼国の中で一番人口が多いのがメラネシア諸国です。パプアニューギニアだけで太平洋島嶼国全体の76％を占め、フィジー、ソロモン諸島、バヌアツを加えると94％になります。ポリネシア、ミクロネシア諸国は、それぞれ3％にしか過ぎません。メラネシア諸国は伝統的にオーストラリアとの関係が深いのですが、移民のシステムが制度化されていません。ここ10年ほど季節労働者を多く迎えて急増する人口、特に離島の青年層の受け入れに積極的に動き出したのがニュージーランドで、これにオーストラリアが続いています。

もう一例、独立は太平洋の島々にとってどのような意味があるのか検討する話を紹介します。

1962年にラツ・ララ・スクナというフィジーの伝統的リーダーは、「植民地主義は悪いことなのだろうか？」という趣旨の一文を地域のジャーナル、「パシフィック・アイランズ・マンスリー」（1962年11月号）に紹介しています。フィジーは伝統的に部族間の競争が激しく、争いが続く社会だったが、英国の植民地となったことで一つの女王、一つの忠誠によって以前より平和になった、そして植民とはその女王によって指名された総督が統治するシステムというだけの話である、と。

太平洋の島々はブーガンヴィルが航海記で間違って伝えた「エデンの園」では決してなかったことを、ラツ・スクナは覚えていたのです。

逆に、独立国となって厳しい現実にさらされる太平洋島嶼国に積極的に手を差し伸べてきたのが中国です。

第5章

中国の進出

――赤く染まる太平洋

赤く染まる太平洋のEEZ

2019年9月、台湾と外交関係にあったキリバスとソロモン諸島が中国と国交を樹立するというニュースが、突如として世界を駆け巡りました。この時、私の脳裏に浮かんだのは米国本土ほどの広さに及ぶ赤道付近の東西に広がるキリバスのEEZのことです。あの広大な海が赤く染まり、中国の手に落ちる。その安全保障上の意味を考えると戦慄《せんりつ》が走りました。

台湾と中国を支持する国家の「数」がよく取り上げられます。しかし、それらの国家の資源について比較されることはありません。

中国にとっては、太平洋島嶼国の20弱の数の力を得るのみならず、国家管轄権が及ぶ広大な海洋権益、すなわち海洋法条約の交渉過程で中国が不利となったEEZを挽回することを意味するのです。

2019年9月までは、太平洋島嶼国が支持する台湾と中国の数は6対6でした。太平洋島嶼国のEEZの広さで比較すると、台湾と外交関係のある島嶼国が形成するEEZは870万㎢、中国は820万㎢とほぼ同じだったのが、ソロモン諸島とキリバスが中国支持に回ったことで、台湾が360万㎢、中国が1325万㎢と2対8に変わりました。国の数は4対8ですが、中国の影響が行使しやすくなるEEZが8割となったのです。

このことからも、キリバスのEEZの大きさがわかります。広さだけではありません。キリバスは赤道上にあり、宇宙開発上重要な地です。さらには、インド太平洋司令軍があるハワイからわずか2千㎞の位置にあります。ここが中国の影響下に置かれることは、インド太平洋をカバーする米国の安全保障の拠点の隣に中国の勢力が拡大することを意味します。太平洋の東西に延びるキリバ

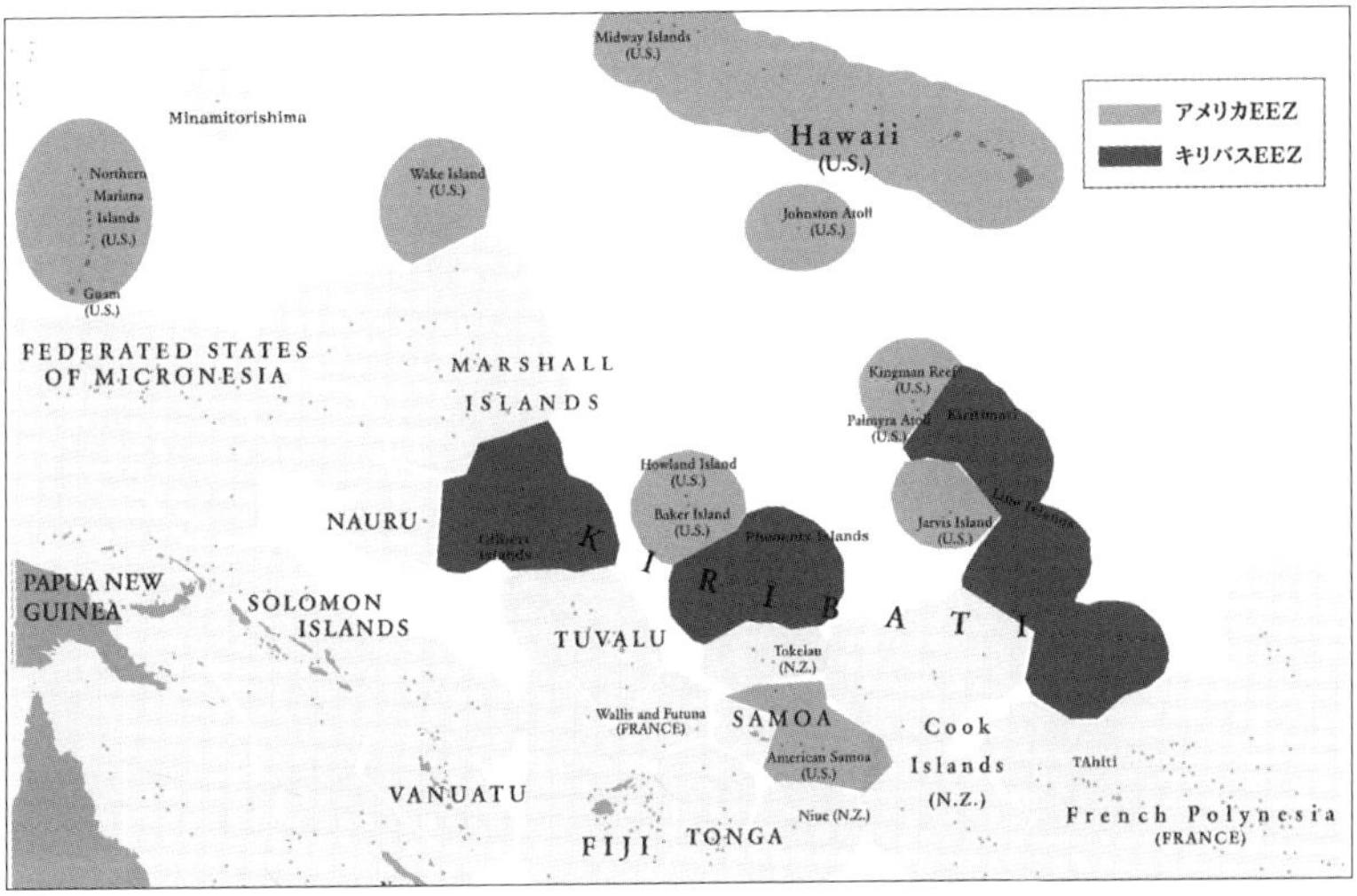

中国と外交関係を樹立したキリバスは広大なEEZを赤道付近に有し、米国のEEZが隣接している。米軍基地のあるハワイ、マーシャル諸島からも近い。

スの東端は、ハワイを越える子午線をカバーし、まさに中国が唱えている太平洋分割案が現実のものとなるのです。

ところで、中国が狙っているのは、太平洋島嶼国だけではありません。ニュージーランド、仏領ポリネシアも大きなＥＥＺを抱えています。もし、このＥＥＺが中国の影響下に置かれたらどのような割合になるのでしょうか？

９割近い太平洋のＥＥＺが中国の手に落ち、台湾の影響下にあるＥＥＺは１割強しか残りません。第４章でも述べた通り、太平洋島嶼国は広大なＥＥＺを持ってはいるものの、自分では管理も開発もできない状況です。海洋技術に裏付けされた経済的・軍事的拡張を狙う中国は、当然のようにこの地域と海域に進出してきています。

また、キリバス、ソロモン諸島が台湾断交を決断した背景として、国会議員一人当たり数千万円にも及ぶ賄賂が渡されていたことが地元の政治家

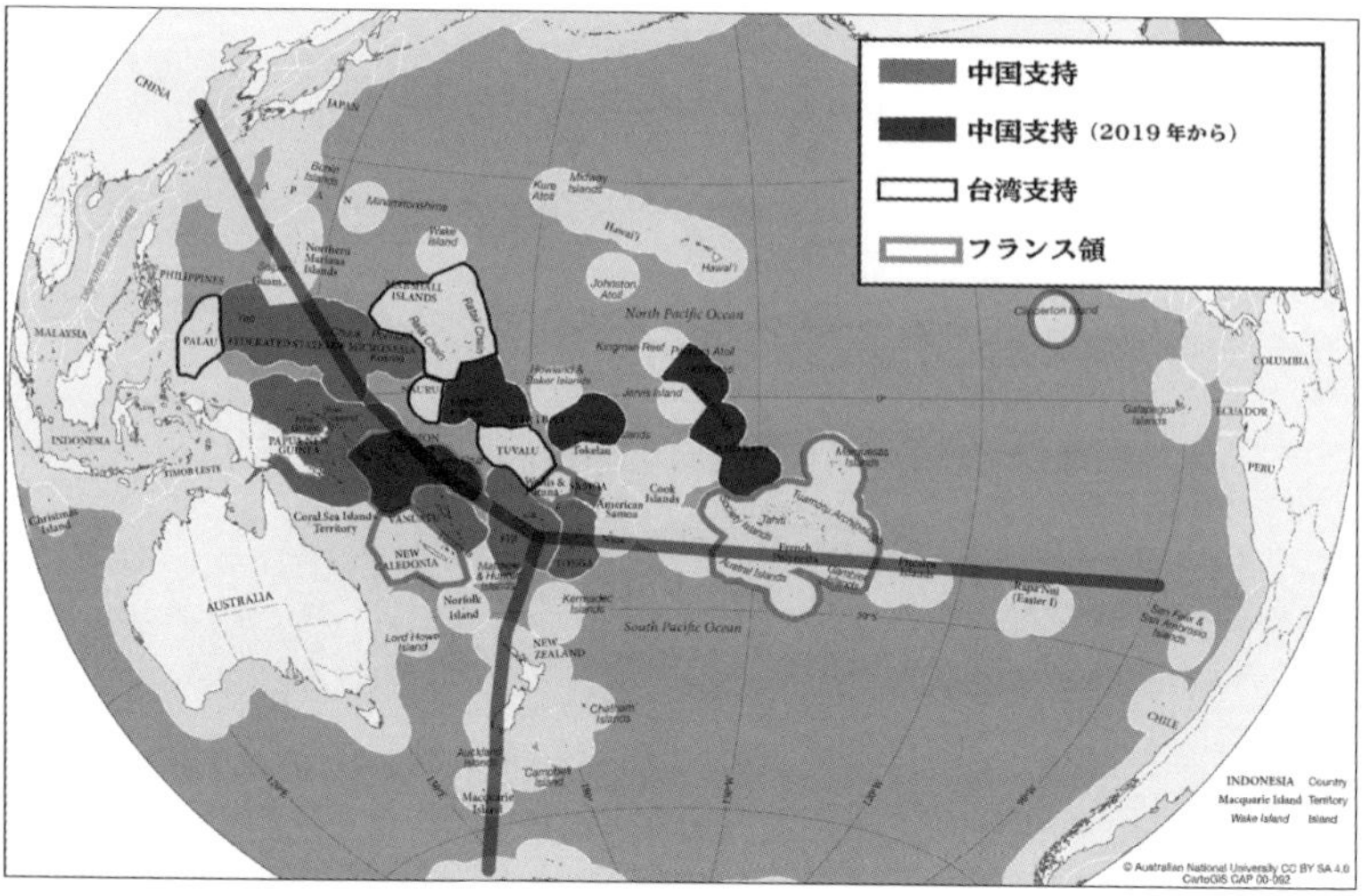

中国から南米、南極への「一帯一路」。仏領ポリネシア、ニュージーランドは地政学上重要な位置にある（オーストラリア国立大学 CartoGIS Services の地図を元に筆者が作成）

によって暴露されました。仮に50名の国会議員に2千万円ずつ渡したとして、10億円です。国家とそこについてくる広大なＥＥＺを獲得するためだと考えれば、中国にとっては安い買い物ではないでしょうか。

中国が進める「極地強国」

太平洋のＥＥＺに中国の影響力が及ぶ意味を分析したいと思います。

島嶼国の汚職・不正を助長し、中国の軍事覇権への脅威が高まるだけではありません。中国が国際法を独自解釈し、国際秩序に挑戦してくるのは南シナ海、東シナ海を見てもわかる通りです。

ＥＥＺは、領海とは違い、沿岸国が限られた条件の下で海洋資源を優先的に利用できる制度です。沿岸国が海洋資源を独占してはいけないのです。

ＥＥＺはあくまで自由な航海を基本としています。対する中国は、ＥＥＺを「海洋国土」と表しています。「海洋国土」と表現することで領土に近い、より領有権の概念を強調した独自の解釈をしているのです。その典型例が南シナ海での軍事行動です。

気になるのがこの中国が使用する「海洋国土」という表現を太平洋島嶼国が真似ていることです。「太平洋諸島フォーラム」という地域政府組織がありますが、そこは「Blue Continent（青い大陸）」という表現を用いています。ＥＥＺを越える国家管轄権外の権利まで現在国連で主張しています。これは非常に危険な傾向だと危惧しています。

このように、海洋法条約やＥＥＺを理解しない、もしくは独自の解釈をする背後に、国際法専門家を次々とこの地域に送り出している中国の思惑を見て取ることができます。

現在国連では、ＥＥＺの外の海洋資源管理に関する新たな実施協定ＢＢＮＪ（marine Biological diversity Beyond areas of National Jurisdiction　国家管轄権外区域における海洋生物多様性）が議論されています。太平洋島嶼国始め途上国を中心に、ＥＥＺを超える公海の権利を主張する内容です。国連で太平洋島嶼国が数の力で権利を主張する背景には、中国の存在があり、このような協定は法を遵守する海洋技術先進国の日本にとって重たい負担や制限をかけられる結果になります。

太平洋に広大なＥＥＺを持ちながらも地球の裏側ヨーロッパに位置し、この地域への関与が弱いフランスに比べて、同じく広大なＥＥＺを持つニュージーランドは、近隣の太平洋島嶼国に大きな影響力を持っています。

それだけでなく、南極の領有権を主張すると同時に南極に一番近くに位置する地政学上重要な国です。すなわち中国の南極長期戦略上、ニュージーランドの存在は極めて重要なのです。ニュージーランドはクック諸島、ニウエと自由連合を締結し、トケラウは自治領として管理しています。これらの地域の広大なEEZの管轄権、防衛と政治に責任を負う立場にあるのです。中国はこれら4カ国・地域（ニュージーランド、クック諸島、ニウエ、トケラウ）の票を確保するだけでなく海洋権益と南極権益も確保することになります。

人口4百万人のニュージーランドも小国に分類されます。国内の農業、牧畜業は中国の投資で開発され、中国の乳製品消費量の4分の1を輸出し、中国に大きく依存している現状です。

「The Diplomat」に掲載された「Demystifying China in Antarctica」（2017年6月）という記事には、中国の南極大陸への積極的な姿勢が報告されています。1984~2016年の間に33回南極探検を実施、現在5つ目の研究所を建設中。さらに2つ目の砕氷船（しかも原子力船）を造船中とのことです。2017年、林山青国家海洋局副局長は、次のように中国の南極進出の意思を明確に述べています。

「中国は、1984年に初めて南極調査隊を派遣した。30年以上の発展を経て、我が国の南極事業は無から有へ、小から大へと、世界が目を見張る輝かしい成功を得ており、既に名実ともに『極地調査大国』となっており、現在も『極地強国』の目標に向かって奮闘努力している」

仏領ポリネシアの核実験跡を狙う中国

中国の太平洋進出は、同じく南極近くに450万㎢に及ぶEEZを抱える仏領ポリネシアにも及んでいます。中国が仏領ポリネシアを欲しがる理由は明快です。

中国から南米への航路の中間点にある仏領ポリネシアは、まさに補給基地として打ってつけなの

（左）核実験が行われた頃ハオ環礁に建設された軍基地（写真提供／フランス防衛省）
（右）現在中国の投資で同環礁に計画中の水産養殖所

です。すでに中国人観光客や投資の誘致、ビザ緩和、直行便就航、中国海軍の寄港が開始されています。

その中でも注目されているのが、仏領ポリネシア政府と合意したツアモツ諸島にあるハオ環礁での水産養殖場事業です。フランス政府が核実験を行うために開発し、今は放置されているハオ環礁でこの事業は進んでいます。フランス軍事基地には、長い滑走路を備えた空港があります。

中国は、この空港があるので水産物を中国まで運べると言っていますが、それが本当の目的かどうか疑問視する声もあります。中国から続々と物資が、このハオ環礁に持ち込まれているというのです。

現在、ハオ環礁は核実験終了後、滑走路が遺されただけで産業は何もありません。仏領ポリネシアが抱える青年失業者は、人口の50％を超えています。地元政府は、１５００億円の投資と、１万人の雇用を約束した中国企業Tahiti Nui Ocean Foodsと契約を決意したのです。

しかし、養殖場はいつまでたっても完成せず事業は縮小。他方、タヒチ政府は中国企業に30年間のタックスホリデー（免税措置）を提供しました。輸入される燃料と物品に税金がかからない仕組みです。

一体、中国は何を企んでいるのでしょうか？

養殖産業計画は最初から嘘で、軍事基地開発のための燃料や資材を運び込むことが目的だったのではないかとの噂も囁《ささや》かれています。

地球の裏側にあるフランス本国は、太平洋に散らばる島々と広大なEEZを持て余しています。インド太平洋に領土があることすら知る人は少なく、知っていても200年前にブーガンヴィルが航海記で紹介した「楽園」のイメージが未だに強く、人々は「エデンの園」で暮らしていると信じています。広大な仏領ポリネシアは、このまま放っておけば中国によって無人の環礁が次々に埋め立てられ、南シナ海のようになる可能性が否定できません。

フランスが持て余しているのは、仏領ポリネシアだけでなく、メラネシアに属するニューカレドニアも同様です。70年代に次々と独立したフィジー、パプアニューギニア、ソロモン諸島、バヌアツという同じメラネシアグループの流れの中で、ニューカレドニアの独立の動きも生まれました。1984年にはカナク社会主義民族解放戦線が設立され、89年には先住民運動家のジャン＝マリー・チバウが仲間に殺される事件もありました。ヌーメア協定と呼ばれる独立へ向けた動きの中で、2018年から住民投票が開始されましたが、独立へ向けた動きは微妙な状態にあります。

その背景には、世界一を誇るニッケル鉱山の利権があります。先住民カナクは天然資源の51％の利益を要求していますが、フランスは34％しか与えておらず、他方、中国、韓国が開発する鉱山は51％の利益を与えているのです。

中国が第二列島線の南の端に位置する東チモールから、インドネシア領パプア、パプアニューギニア、ソロモン諸島、バヌアツ、そしてニューカレドニアと東西に延びる島々からなるメラネシア諸国を舐めるように抑えている行動を第二次世界大戦中の日本の軍事行動、すなわち米豪の分断活動に例える識者もいます。そう言った見方も可能でしょうが、先に紹介した三輪氏の指摘、すなわち旧独領と太平洋フランス領を抑えようとした戦前の日本と同様に、すでに太平洋に実績のあった労働移民と天然資源開発を目的とした経済開発、そして南極や南米につながる「一帯一路」構想を中国は目指しているように見えます。

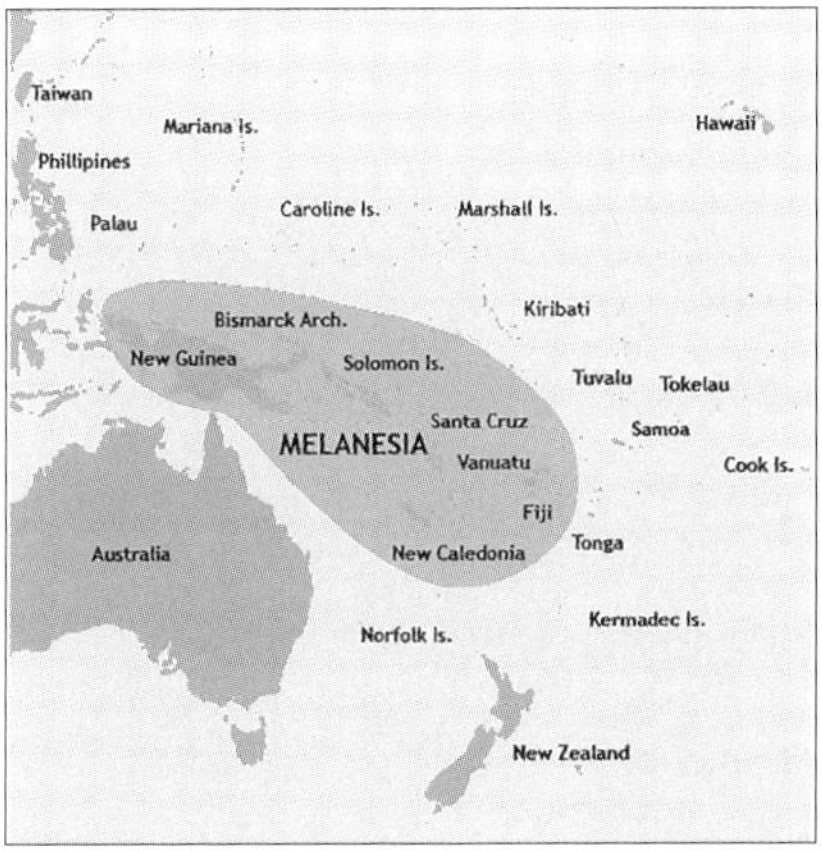

東チモールから、パプアニューギニア、ソロモン諸島、バヌアツ、フィジー、ニューカレドニアと東西に延びるメラネシアの島々は豊かな資源と多様な民族で構成されている。

経済と軍事進出について、ドイツの植民政策を推進したビスマルクは「軍人は商人に続く」と、まずは経済開発を優先させました。

しかし、中国の拡張の動きは軍事的進出が突出し、経済開発についても、仏領ポリネシア・ハオ環礁の養殖場計画のように透明性がなく、国際秩序を力で変更していくことに問題があるように見えます。

戦後独立国となったメラネシア諸国は、政治的に不安定で経済は未だ発展途上でありながら、鉱山資源と広大な海洋資源を抱えています。政情不安の背景にはその民族的多様性があります。パプアニューギニアは900、ソロモン諸島とバヌアツは100前後、そしてフィジー、ニューカレドニアは30前後の異なる言語、部族がいます。国家統一の歴史が浅く、分離独立の動き、換言すれば分断統治がしやすい地域です。パプアニューギニアのブーガンヴィルでも独立運動が行われており、ここにも中国の影響が確認されています。

メラネシア諸国で言語が多い理由を簡単に書いておきます。第1章で数千年前にカヌーでインド太平洋の海洋に拡散したオーストロネシア語族のことを紹介しましたが、太平洋に最初に人がやってきたのが約5万年前と言われています。アフリカから約6万年前に人類が出立して、赤道沿いに東へ東へと移動していきます。そして5万年前にはすでに現在のパプアニューギニア、さらにはオーストラリアにも移動してきたことがわかっています。

東南アジアからパプアニューギニアまでは広い海洋があります。5万年前、海を渡る海洋技術があったでしょうか。地球はまだ氷河期でした。今よりも海面が80mから100m低く、東南アジアの島嶼はスンダ大陸と呼ばれる大陸がありました。パプアニューギニア、オーストラリアを結ぶところは、サフル大陸と呼ばれていました。海があるのですが、今よりも短い距離で、多分小舟でこの島々を伝って東南アジアからパプアニューギニアまで来たのではないかと考えられています。5万年の間に民族、言語が何百にも別れていったのです。

数千年前にオーストロネシア語族の到来があり、既存の多様な言語と重なり、バヌアツ、フィジー、ニューカレドニアに拡散して行ったと考えられています。

今後、日米豪仏英が軍事経済を含む安全保障協力をこの地域で推進するにあたり、現地の文化・歴史・経済を理解することは必要不可欠です。中国は熟練した外交官をこの地域に配置しているといいます。軍事・経済・外交の連携が中国の「一帯一路」の背景に見えます。

楽園の島が支持する天安門事件・南シナ海

天安門事件・南シナ海仲裁判決・オンラインカジノ。これらに太平洋島嶼国が深く関係していると言っても、なかなか信用してもらえないかもしれません。紙幅が残り少ないですが楽園の島の現実を紹介します。

次ページの表に１９８９年の天安門事件前後の中国と太平洋島嶼国の関係を拾った情報をまとめました。60年代から70年代の文化大革命の中で、中国を支持したのがアフリカ諸国です。天安門事件で世界から批判を受ける中、中国と太平洋島嶼国の接近が見えてきます。

事件後、すかさず北京支持を表明したのが当時の西サモアでした（現在サモア独立国）。１９８９年、その見返りにサモアは約12億円の支援を中国から受け、国会議事堂を建てます。同年バヌアツには中国大使館が設立され、ミクロネシア連邦が中国と国交樹立。翌年１９９０年には台湾と外交関係にあったマーシャル諸島が中国と国交樹立しています。

フィジーには１９８７年から１９９０年に１８０万ドルの軍事支援をした可能性があります。１９８７年は、フィジーで最初のクーデターが発生し、伝統的支援国であるオーストラリア、ニュージーランドの軍事支援が受けられなくなった時です。すかさず中国の支援を取り付けています。

１９８８年には中国と関係の深い日本の民間財団が太平洋の首脳を北京まで連れていき、翌年の

天安門事件前後の中国と太平洋島嶼国の関係　（複数のデータより筆者作成）

1975年11月	サモア・フィジー	中国と国交樹立
1976年	パプアニューギニア	中国と国交樹立
1980年	キリバス	中国と国交樹立（2003年に台湾に変更）
1982年3月	バヌアツ	中国と国交樹立
1983年	ソロモン諸島	台湾と国交樹立（2019年に中国に変更）
1988年8月	日本	親中民間団体が太平洋島嶼国首脳を北京に招待。李鵬首相等幹部と面談
1989年6月4日	中国	天安門事件
1987～90年	フィジー	中国のＷＴＯ加盟支持、180万ドルの軍事費支援を受ける
1989年	ミクロネシア連邦	中国と国交樹立
	サモア	首相が中国訪問し、約12億円の支援を受け議事堂建築
	バヌアツ	中国大使館設立
1990年	マーシャル諸島	中国と国交樹立（1998年に台湾に変更）
1998年	トンガ	中国と国交樹立（1972年に台湾と国交樹立）
1998年	マーシャル諸島	台湾と国交樹立
1999年	パラオ	台湾と国交樹立
2003年	キリバス	台湾と国交樹立
2019年	キリバス・ソロモン諸島	中国と国交樹立

天安門事件で戒厳令を出した李鵬首相との面談をさせています。

１９８９年の天安門事件による中国の孤立が太平洋島嶼国との接近をもたらしたのです。

小国が国際社会に与える影響について、国際政治学者の永井陽之助教授は以下のように指摘しています。

「小国を、『国際体系に影響力を行使しえない』(system ineffectual) 存在として定義するのは大きなあやまりである。むしろ、逆説的ではあるが、小国とは、自ら国際体系に影響をなんらおよぼしえないという弱さの確信にたって行動することの結果として、国際体系に影響をおよぼしうる存在である」（永井陽之助「国際政治における小国の役割」『時間の政治学』１２７頁）

２０１６年、中国が敗訴した南シナ海仲裁判決の中国の立場をいち早く支持表明したのが、人口25万のバヌアツ政府です。中国が支援した港の軍

2018年11月パプアニューギニアで開催されたAPEC総会の際に、中国が太平洋島嶼サミットを開催。習近平首席を囲む太平洋島嶼国首脳たち。左からニウエ、クック諸島、サモア、パプアニューギニア、中国、ミクロネシア連邦、バヌアツ、トンガ、フィジー（写真提供／共同通信社）

事利用化が一時話題にもなったように中国との関係をここ数年深めています。一体赤道以南に位置するバヌアツと南シナ海との間には、どのような利害関係があるのでしょうか？

バヌアツ政府が中国を支持する理由の一つが裁判での主要論点であった「歴史的権利」です。バヌアツは、西洋文化を払拭した独自の歴史文化を主張した国づくりを行なっています。歴史的権利を主張する中国をバヌアツが支援する理由がここにあります。

しかし、バヌアツは南シナ海で中国が実際に何をしているのか正確に理解しているのでしょうか？　また、歴史的権利に関する中国以外の近隣諸国の主張を理解しているのでしょうか？　国内に歴史学、国際法学などの専門家が皆無の状態でどのようにして分析、判断しているのか大いに疑問です。

バヌアツには地域の大学である南太平洋大学の

法学部がありますが、ここに中国の国際法専門家が入っています。中国の解釈による南シナ海問題を解説しているのです。

仲裁判決をバヌアツ政府が支持できない理由がまだあります。フランス領ニューカレドニアと国境紛争を抱えるバヌアツ政府は、海洋法条約にある「島の制度」の解釈についても国際司法裁判所の解釈に疑問を投げかけています。

どのような島がＥＥＺを形成できるか記したこの条項の解釈は、国際法の専門家から「混乱と衝突を生み出す完璧なレシピ」と呼ばれるほど難解です。今回の判決に従えば、バヌアツも領有権を主張する島が形成するＥＥＺを失うことになります。

さらに中国のバヌアツ政府に対する工作は巧みです。Green Confederation というバヌアツの政党が、判決後にもかかわらず、党として新たに中国支援を表明しているのです。さらに仲裁判決から1年後、中国共産党がバヌアツのいくつかの政党と協定を締結し、中国の南シナ海進出への支持をさらに固めています。

中国マフィアによるサイバー犯罪の温床に

最後に永井教授が「自ら国際体系に影響をなんらおよぼしえないという弱さの確信にたって行動する」と分析した島嶼国の特徴的な越境ビジネス、島の主要な収入源となっているタックスヘイブン、それに関係するオンラインカジノのことを手短にまとめます。

本来「合法」な、これらの越境ビジネスは、容易に越境犯罪に結びつきます。太平洋島嶼国の法自体が緩い上、それを取り締まる法執行能力に限度があるからです。

現在人口2万に満たないパラオでは、オンラインカジノ法案の修正案が議会にかけられています。２０１９年の大晦日には２００人近い中国人やカンボジア人がパラオ検察によって検挙されました。彼らは違法滞在で、ホテルやレストランの部屋で隠れてオンラインカジノを行なっています。このような中国人は既にパラオに千人近く入国していると言われています。中国でカジノは違法なのです。パラオ議会で現在議論されている法案は、このような違法滞在者の検挙を不可能にする内容です。なぜパラオ議会はオンラインカジノ犯罪を守ろうとするのでしょうか?

国のリーダーたちが中国のマフィアと組んでオンラインカジノを誘致してきたからです。パラオのオンラインカジノが大きく動き出すきっかけを作ったのは、マカオの三合会のリーダー、尹國駒《ワンクオックコイ》（通称「歯欠け駒」）です。

２０１８年10月、パラオを訪ねレメンゲサウ大統領と面談。オンラインカジノのライセンスを取得したとの写真入りの記事が出回りました。尹國駒は12年間の刑務所務めを終えて出所した後、カンボジアを拠点に中国の文化活動を促進するという名目で世界洪門歴史文化協会を立ち上げ、実際には怪しい仮想通貨投資やオンラインカジノを運営してきました。尹國駒は、これが中共政府の「一帯一路」を支援する活動であることもメディアで明言しています。

また一部の中国人マフィアは、バヌアツがここ数年で４千冊販売したパスポートを利用してパラオ入りし、オンラインカジノ、投資に見せかけたリゾート開発事業を立ち上げています。このパラオのカジノ法案は、バーチャルパチンコと法案に記されている通り、日本人が関係しています。さらに１９８５年、容疑者がテレビカメラの前で殺された戦後最大の詐欺事件、豊田商事事件も、パラオでリゾート開発と見せかけたマネーロンダリングが行われた可能性や、パラオ初代大統領レメリクの暗殺との関連が噂されています。

パラオ柔道連盟イスマエル・アグオン氏（法務省麻薬取締局長）と河野太郎外務大臣（令和元年８月 写真提供／外務省）

パラオ柔道連盟ジェニファー・アンソン師範（法務省人身売買取締局長）とパラオ柔道キッズたち（写真提供／パラオ柔道連盟）

オンラインギャンブルやマネーロンダリングなど違法な活動は島社会に麻薬、売春・人身売買などのさらなる犯罪を招く結果となっています。その被害者はパラオ社会の弱者である子供や女性たちなのです。パラオ法務省の人材訓練の一環で日本の青年海外協力隊が支援した柔道ですが、現在現地の子供たちにも指導を展開し、非行や犯罪者から守る努力が行われています。令和元年には、パラオ柔道連盟のコミュニティ活動が評価され、日本外務大臣賞を受賞しています。

中国が太平洋の楽園で展開する怪しいビジネスには、残念ながら日本人も大きく関与しているのです。背景には主に中国人を対象にしたパスポート・市民権販売が国家予算の３分の１を占めるバヌアツも含め、独立した太平洋島嶼国は有り余る資源を管理・開発することができず、慢性的な財政難を抱えていることが挙げられます。

あとがき

２０１７年、２つの議連勉強会に呼ばれたことをきっかけに、私は太平洋に留まらずインド洋にも深く関心を持つようになりました。翌年の日本政府主催第８回太平洋・島サミットがインド太平洋構想と海洋安全保障に大きく舵を切り、30年近く太平洋に関わった意義があったという感慨に浸る間もなく、日本の防衛省、法務省等だけでなく米英仏豪等の政府機関、インテリジェンス関係者から照会の連絡が矢継ぎ早に来ました。

当該地域のことを継続して学ぶ必要を痛感し、インド太平洋研究会を江崎道朗氏、山内智恵子氏と設立。渡辺昭夫東大名誉教授はじめ、多くのアドバイザーの支援も受け勉強会も開催してきました。

来年、２０２１年の第９回太平洋・島サミットへ向け、この研究会有志がまとめたのが次の提言です。インド太平洋構想の強化、米・豪・ＮＺ・英・仏との連携強化、そして何よりも安全保障の観点から日本の防衛省の役割を強調しました。２０２０年６月、官邸、自民党総裁外交特別補佐の薗浦健太郎議員、島嶼議連の古屋圭司議員に提出したところ、早速防衛省は７月１日からインド太平洋の専門部署を新設するとのニュースが流れました。この本が少しでも新部署や関係者に役立つことを祈っています。

第一次世界大戦でミクロネシアを占領した日本海軍は、ポナペを占領した松岡静雄大佐が策定した「ポナペ開拓論」を握り潰してしまいました。あの時、軍部が松岡の案を真剣に検討していたら太平洋の歴史は違っていたかもしれません。軍事情報も重要ですが、まずはこの広大なインド太平洋の小さな島々に住む「人々」のことを優先に考えて欲しいのです。残念ながらそこは「楽園」ではありません。そのような誤認識が地域の不安定を招き紛争につながります。

フィジー元防衛大臣のラツ・イノケ・クブアボラ閣下は、2006年のクーデターで同国への関与を切っていく豪・NZを批判し「エンゲージ（関与）せよ」と私に主張されました。残念ながら日本も関与を薄め、フィジーは中国との関係を一気に強化させたのです。

【インド太平洋研究会　提言】

2021年第9回太平洋・島サミットへ向けて

1、2018年の第8回島サミットでは太平洋島嶼国と海洋安全保障の問題がインド太平洋構想の枠組みで明確に示され、当該地域だけでなく日本を頂点とする米豪印のセキュリティダイヤモンド、さらには英仏を含む多くの国の地政学概念を方向づけました。

日本の主導力は、言葉だけでなく、オールジャパンで実際に小島嶼国も含む当該地域への具体的な動きにも発展し、大きく評価されています。

2、日本が、海洋安全保障を始めインド太平洋の空間をめぐるサイバー強化、宇宙作戦隊の創設、そして安全保障を意識した経済インフラ開発など、価値観を共にする国々との協力をさらに大きく進めていることも高く評価されます。

3、他方、昨年9月にはキリバス、ソロモン諸島が台湾から中国に外交関係を変更したり、バヌアツで何千冊ものパスポートが中国人に販売され、その一部は犯罪歴のある人物に渡り、パラオで越境犯罪活動が拡大、その影響が日本にも及ぶことが懸念されています。島社会の腐敗は、人身売買や麻薬中毒など島の子供達に被害が拡大する誘因になっています。２０１９年10月、30代の米国人女性弁護士がヤップ島で女性青少年の人権を守る中、島の人に射殺された事件を忘れるべきではありません。

4、インド太平洋研究会は、これらの問題に対応すべく、オーストラリア国立大学のインテリジェンス専門家、ジョン・ブラックランド教授が豪州政府に提案している太平洋島嶼国との「コンパクト」の議論を支持します。その際、オーストラリアの島嶼国支援体制を、また米国やニュージーランド、フランスが形成している太平洋の島々との政治的結びつき（自由連合、友好協定等）を、日本は海洋国家として積極的に支援すべきです。

5、１９９７年に開始した島サミットは日本とＰＩＦ（太平洋諸島フォーラム）の会合ではありますが、島嶼国政府は国家として機能するための、特に安全保障の面での限界を抱えていることから、現実のインド太平洋の安全保障、地政学の現実を考慮し、島嶼国の自決権を尊重する形で非ＰＩＦメンバーの米・仏・英・印にもオブザーバー参加を促すべきです。インド太平洋の空と海の空間はこれら大国を巻き込んでもなお広大であるからです。

6、薗浦健太郎衆議院議員が推進したオールジャパン体制は、強調しすぎることがないほど重要な戦略です。先の大戦の日本の敗北は全てセクショナリズムの弊害と言っても過言ではありません。3つのシーパワー：海自・海保・水産庁の連携を始め、省益優先の体質を改善すべく省庁間の人物交流を促進すべきです。特に中国の脅威に対応すべく安全保障が今以上に重要課題になることから、防衛省の参加を促しつつ、陸海空間の人物交流、さらには同盟国との交流も促進されるべきです。

7、現在日本政府はパラオ、ミクロネシア連邦、マーシャル諸島、トンガ、フィジー、パプアニューギニア、バヌアツ、ソロモン諸島に大使館を、米領のグアム、マリアナ諸島、ハワイに領事館を設置していますが、各大使館・領事館にＳＮＳを利用した情報発信を義務づけ、情報戦略を強化すべきです。

8、2020年5月7日に、米国の水産業再起を目指した大統領令が発信されました。そこには世界最大のＥＥＺを抱える米国の自国産業の保護、安全な食品の確保、規制撤廃、透明な政策過程などが記され、さらに国際協力も書かれています。ハワイの水産業は日本人移民が開拓しました。現在もインド太平洋の漁業を担っている日本は、米国と協力し経済安全保障を強化すべきです。特に違法操業取締は、コロナ禍の中で海洋進出を強化する中国に対する海洋安全保障につながります。オバマ政権時代の科学的根拠のない Our Ocean 事業支援を、日本政府は速やかに取りやめるべきです。

２０２０年６月１日

インド太平洋研究会　有志（順不同）

渡辺　昭夫（東京大学名誉教授）

フランシス・ヒーゼル神父　（元ＮＧＯマイクロネシアン・セミナー代表）

David Ware (Retired Customs Officer/Analyst, Intel Focus on Pacific, Border & National Security)

榊原　智（産經新聞論説副委員長）

江崎　道朗（評論家）

内藤　陽介（郵便学者、作家）

稲村　公望（日本郵便元副会長）

浅岡　寧

澤間　譲治　（ＮＰＯ日本海洋塾理事）

下川原伸一郎

Kouyou Itou

Itaru Kaminari

高畠　清

萩野　美保

卒田　理愛

木戸　英明

周宏　偉　（北海道大学博士課程後期）

志賀　弥生

早川　理恵子　（博士・オタゴ大学、提言草稿作成者）

【参考文献】本書は気軽に読めることを目指したので、文中に紹介する参考図書は極力控えました。以下、各章に関する和文図書で読みやすいものを選んでみました。

序章
ピーター・ベルウッド著／植木武、服部研二訳『太平洋〈新装版〉――東南アジアとオセアニアの人類史』（法政大学出版局）2015年

第1章
国分直一『海上の道――倭と倭的世界の模索』（福武書店）1986年
国分直一『北の道南の道――日本文化と海上の道』（第一書房）1992年
エルウィン・ベルツ、トク・ベルツ著／菅沼竜太郎訳『ベルツの日記〈上・下〉』（岩波文庫）1979年

第2章
金七紀男『エンリケ航海王子――大航海時代の先駆者とその時代』（刀水書房）2004年
エティエンヌ・タイユミット著／中村健一訳『太平洋探検史――幻の大陸を求めて』（創元社）1993年
カール・シュミット著／生松敬三、前野光弘訳『陸と海と――世界史的一考察』（慈学社）2006年

第3章
松岡静雄『ミクロネシア民族誌』（岩波書店）1943年
新渡戸稲造『新渡戸博士植民政策講義及論文集』（岩波書店）1943年
井上彦三郎、鈴木経勲『南島巡航記』（経済雑誌社）1893年
三輪公忠『新装版　日本・1945年の視点』（東京大学出版会）2014年

第4章
山本草二『国際漁業紛争と法』（玉川大学出版部）1976年
山本草二『海洋法』（三省堂）1992年
渡辺昭夫『アジア・太平洋の国際関係と日本』（東京大学出版会）1992年
五十嵐正博『提携国家の研究――国連による非植民地化の一つの試み』（風行社）2002年

第5章
橘玲『タックスヘイヴン Tax Haven』（幻冬舎）2016年
橘玲『マネーロンダリング』（幻冬舎）2003年
猫組長『金融ダークサイド』（講談社）2019年
ニコラス・シャクソン著／藤井清美訳『タックスヘイブンの闇――世界の富は盗まれている！』（朝日新聞出版）2012年